Noch einmal: für Tom

Meinen herzlichsten Dank möchte ich Ellen Dreyer, Melanie Hope Greenberg und Thomas Ross Miller für ihre Unterstützung bei diesem Buch aussprechen. Ein besonderes Dankeschön gilt den wunderbaren Mitarbeitern von Beyond Words Publishing, Inc.

Die Deutsche Bibliothek – CIP-Einheitsaufnahme

Waldherr, Kris:
Umarme die Göttin in dir : Lebensrituale für Frauen /
Kris Waldherr. [Dt. von Anne Follmann]. –
1. Aufl. – Freiburg im Breisgau : Bauer, 1998
   Einheitssacht.: Embracing the Goddess within ‹dt.›
   ISBN 3-7626-0584-X

Die amerikanische Originalausgabe erschien 1997 by Beyond Words Publishing Inc.,
Hillsboro, Oregon, in Zusammenarbeit mit Linda Michaels Ltd, International Literary Agents,
unter dem Titel *Embracing the Goddess Within. A Creative Guide for Women*
© 1997 by Kris Waldherr

Deutsch von Anne Follmann

1. Auflage 1998
ISBN 3-7626-0584-X
© für die deutsche Ausgabe 1998 by Verlag Hermann Bauer KG, Freiburg im Breisgau
Das gesamte Werk ist im Rahmen des Urheberrechtsgesetzes geschützt. Jede vom Verlag nicht genehmigte Verwertung ist unzulässig. Dies gilt auch für die Verbreitung durch Film, Funk, Fernsehen, photomechanische Wiedergabe, Tonträger jeder Art, elektronische Medien sowie für auszugsweisen Nachdruck.
Grafik: Leandra Jones/Groove Jones Design
Gesamtherstellung: Ebner Ulm
Printed in Germany

INHALT

Einführung ❈ Heilige Geschichten, heilige Riten 5

Eins ❈ Entstehung 13
Gaia ❦ Himmlische Schöpfung 15
Jörd ❦ Verbundenes Leben 19
Hathor ❦ Die Verheißung der Fülle 23
Die Spinnenfrau ❦ Das Lebensnetz 26

Zwei ❈ Liebe 31
Persephone ❦ Erstes Blut, erste Liebe 33
Xochiquetzal ❦ Die Kraft der Liebe verstehen 37
Aphrodite ❦ Romantische Liebe 41
Benzai-ten ❦ Den Geliebten erkennen 45
Hera ❦ In guten wie in schlechten Zeiten 49

Drei ❈ Mutterschaft 53
Yemana ❦ Das Wasser des Lebens 55
Juno ❦ Mutter Mond 58
Renenet ❦ Dem Baby einen Namen geben 61
Die Wawalag ❦ Mütterliche Stärke 65
Demeter ❦ Das leere Nest 69

Vier ✤ Kreativität 75

Athene ∞ Die weise Kunsthandwerkerin 77
Sarasvati ∞ Das Wort und sein Lied 81
Brigit ∞ Das Feuer der Inspiration. 84
Lakshmi ∞ Weltlicher Reichtum 88
Vesta ∞ Die Wärme des Heims 91

Fünf ✤ Stärke 95

Kuan-yin ∞ Mutter der Heilung 96
Isis ∞ Ein gebrochenes Herz heilen 100
Artemis ∞ Weibliche Stärke 104
Oya ∞ Die Macht der Worte 107
Pele ∞ Die Leidenschaft der Wut 110

Sechs ✤ Transformationen 115

Hekate ∞ Der dunkle Mond 117
Arianrhod ∞ Das silberne Rad 121
Hsi wang-mu ∞ Die Verheißung ewigen Lebens . . . 125
Die sich selbst Verjüngende ∞ Der Zyklus des Lebens . . . 128

Quellenangaben und Buchempfehlungen 132

Stichwortverzeichnis 137

Einführung

HEILIGE GESCHICHTEN, HEILIGE RITEN

Du kommst in all unseren großen Riten vor.
Wer könnte dich verstehen?

— ENHEDUANNA

Als die Hohepriesterin und gefeierte Dichterin Prinzessin Enheduanna im Jahre 2300 v.Chr. diese Zeilen zu Ehren der großen sumerischen Göttin Inanna schrieb, konnte sie nicht ahnen, daß man mehr als 4000 Jahre später immer noch über dieselbe Frage nachdenken würde: Wie kann man die übernatürliche weibliche und kraftvolle Eigenschaft verstehen, die von so vielen von uns unter dem Begriff *Göttin* zusammengefaßt wird?

In dem vorliegenden Buch *Umarme die Göttin in dir* wird diese Frage eingehend untersucht, und es wird dir ein Werkzeug an die Hand gegeben, mit dem du deine eigenen Antworten auf die Frage finden kannst, was es bedeutet, die innere Göttin zu umarmen. Mit dem Begriff »innere Göttin« meine ich jenen Geist, der so oft als das Göttliche in der Frau verehrt wird – jene nährende, weise und vielschichtige Energie, die so viele Göttinnen im Überfluß zu besitzen scheinen. Hier nun kannst du die heiligen Geschichten und Mythen von Göttinnen, die noch heute verehrt werden, nachlesen; von Göttinnen, die in den Anfängen der Menschheitsgeschichte Bedeutung besaßen. Du lernst auch ihre heiligen Riten kennen sowie einfache Rituale, die du selbst durchführen kannst, um ein Verständnis für die Göttinnen mit ihren zahlreichen Namen und Erscheinungsformen zu entwickeln.

Eine Vielzahl der Mythen und Riten um diese Göttinnen spiegeln die Überzeugungen der Menschen wider, die sie geschaffen haben. Sie teilen uns mit, was diese Menschen an Frauen wertschätzten und verehrten und in manchen Fällen sogar fürchteten. Sie verweisen auf die göttlichen Kräfte, von denen Frauen schon seit jeher durchdrungen waren. Unsere wunderbare Fähigkeit, in unserem Körper Leben zu erschaffen, unsere Fruchtbarkeitszyklen, die von alters her das Ab- und Zunehmen des Mondes widerspiegeln, stellen eine Verbindung zwischen uns und den himmlischen Gefilden mit all ihrer Magie her.

Diese Verbindung zeigt sich in der Verehrung einer höchsten dreigestaltigen Göttin, die in vielen Kulturen zu finden ist. Diese dreigestaltige Göttin spiegelt – wie der Mond und seine Phasen – die unterschiedlichen Abschnitte im Leben einer Frau wider: Der zunehmende Mond symbolisiert das junge Mädchen, der Vollmond die fruchtbare Frau und der abnehmende und dunkle Mond die Frau in den Wechseljahren, die oft als weise ältere Frau bezeichnet wird, die ihr »weises Blut« bzw. ihre Schöpfungskräfte in ihrem Inneren zurückhält. Einige feministische Wissenschaftlerinnen glauben, daß sich diese dreigestaltigen Göttinnen zu einem späteren Zeitpunkt, als sich die Bedürfnisse der Menschen verfeinerten, in viele Göttinnen aufspalteten – sie alle standen für verschiedene Lebensbereiche, die mit dem Weiblich-Göttlichen in Verbindung gebracht wurden.

Man könnte diese Göttinnen und ihre Eigenschaften als *Archetypen* bezeichnen oder als Ursymbole, die tief in unserer Psyche verankert sind. In diesem Sinne verbergen sich hinter jedem dieser Göttinnen-Archetypen die Kräfte und Begabungen, die Frauen besitzen. Wenn wir diese Archetypen anerkennen und ehren, dann können wir all die weiblich-göttlichen Eigenschaften in unser Leben übernehmen – unsere Kreativität, unsere Stärken und unsere Schönheit ebenso wie unsere Ängste und Wutgefühle.

In ihrem Buch *Das Weibliche im Märchen* geht Marie-Louise von Franz darauf ein, wie wichtig es ist, all diese Eigenschaften anzunehmen. Das Märchen »Dornröschen« dient von Franz als Ausgangspunkt, um die verheerenden Folgen zu beschreiben, die entstehen, wenn eine Patentante bzw. Göttin nicht zum Fest anläßlich der Geburt von Prinzessin Dornröschen eingeladen wird, weil nicht genug goldene Teller vorhanden sind. Da jede dieser Göttinnen Eigenschaften darstellt, die Dornröschen für ein volles, glückliches Leben braucht, kommt die Nichteinladung einer Weigerung gleich, alle Seiten des Lebens, gute sowie schlechte, anzunehmen.

Ich bin mit von Franz einer Meinung. Um eine gesunde, vollständige Frau zu sein, müssen wir alle unsere Eigenschaften annehmen. Und da Verständnis die Voraussetzung für die Annahme ist, bietet uns das Verstehen dieser Göttinnen-Geschichten eine wunderbare Gelegenheit, uns selbst so anzunehmen, wie wir wirklich sind – und nicht wie die Gesellschaft oder die Medien es uns vorschreiben zu sein. Hierin liegt eine Chance für uns, unser Leben und unsere Schönheit mit den Augen einer Göttin neu zu entdecken. Es ist eine Möglichkeit, das Weiblich-Göttliche für uns zurückzufordern.

❦ Wie du mit diesem Buch arbeiten kannst ❦

Jede in diesem Buch dargestellte Göttin wird durch das Nacherzählen ihres Mythos und der Erklärung eines Rituals oder einer Handlung vorgestellt, mit deren Hilfe du dich mit der Eigenschaft verbinden kannst, welche die jeweilige Göttin verkörpert. Die beschriebenen Rituale entstammen traditionellen Zeremonien oder Riten zu Ehren der einzelnen Göttinnen, oder sie sind durch ebensolche inspiriert worden. *Umarme die Göttin in dir* wirkt auf zwei Ebenen: Auf der ersten werden Geschichten dargestellt, die bereits für sich genommen Weisheit, Heilung und Kompetenz vermitteln, und auf der zweiten Ebene findest du Rituale, die dir Wege aufzeigen, um das heilige Wissen zu einem Teil deines Lebens zu machen.

In den vergangenen Jahren ist viel über die Bedeutung von Geschichten und ihre heiligen, heilenden Eigenschaften geschrieben worden. Das Fest zu Ehren von Dornröschen steht dafür, wie die Bedeutung einer Geschichte ausgedehnt werden kann, damit wir uns und unsere Lebensbedingungen besser verstehen können. Eine Geschichte vollkommen zu verstehen bedeutet, sie vollkommen in Besitz zu nehmen – und bei den Göttinnen-Mythen handelt es sich um Geschichten, die Frauen unbedingt in Besitz nehmen sollten. Denn diese Mythen sind *die* Urgeschichten der Frauen. Sie sind zeitlos. Sie enthalten so viel von dem, was wir hören sollten, um nachvollziehen zu können, was es bedeutet, in unserer Welt stark, schön und weiblich zu sein.

Achte beim Lesen der Geschichten auf Bilder, die dir in den Sinn kommen und dich nicht mehr loslassen, oder auf Situationen, bei denen du ein zustimmendes Kopfnicken bei dir entdeckst. Das könnten die Stellen sein, an denen für dich das Irdische mit dem Göttlichen zusammentrifft. Clarissa Pinkola Estés hat gesagt, daß »der Bilderfluß in Geschichten Medizin ist und wie ein Antibiotikum [wirkt], das die Quelle der Infektion aufspürt und sich dort konzentriert. Die Geschichte trägt dazu bei, jenen Teil der Psyche wieder klar und stark werden zu lassen.« Wenn dem so ist, dann sind vielleicht die Geschichten über Göttinnen, die dich besonders ansprechen, diejenigen, die für dich eine besondere, heilige und heilende »Medizin« darstellen – eine Medizin, die über viele Generationen von Frauen hinweg weitergegeben worden ist, um ganz besonders dich zu erreichen.

Die Göttinnen-Rituale sind ebenfalls über viele Generationen von Frauen hinweg an dich weitergegeben worden. Viele feministische Wissenschaftlerinnen sind der Meinung, daß die meisten, wenn nicht sogar alle Frauenfeste und -rituale Anlässe waren, um die wichtigsten Übergangsphasen im Leben einer Frau zu ehren und anzuerkennen. Diese Übergänge – handelte es sich nun um die erste oder die letzte Menstruation, die Geburt eines Kindes oder den Tod eines Mitglieds der Gemeinschaft, die erste Liebe und Eheschließung oder das Ende einer Beziehung – gehören auch heute noch zum Leben der Frauen. Mit den Ritualen, die zu Ehren der Göttinnen abgehalten werden, sollen unsere wichtigsten Transformationsprozesse und Übergangsphasen anerkannt werden. Die Rituale stellen eine Verbindung zu unserer Vergangenheit und Zukunft her und helfen uns dabei, unsere Erfahrungen und Gefühle zu respektieren.

Indem wir ein Ritual durchführen, sind wir dazu angehalten, in unsere Mitte zu gehen und unsere Gedanken zu ordnen; so schaffen wir den Raum dafür, daß das Magische und Geheimnisvolle in uns Einlaß finden kann. Dieser Akt der Klärung zwingt uns dazu, uns mit unseren Bedürfnissen und Wünschen auseinanderzusetzen. Wir erhalten außerdem die Möglichkeit, wieder Kontrolle über unser Leben zu gewinnen, anstatt zum Opfer von Ereignissen zu werden, von denen wir meinen, daß sie sich unserem Einfluß entziehen. Mit anderen Worten: Rituale können uns zeigen, was es bedeutet, ein *selbst*bestimmtes Leben zu führen.

Doch das Wichtigste ist dabei vielleicht, daß Rituale eine Möglichkeit darstellen, das Göttliche zu umarmen. Sie ebnen den Weg, um eine *bestimmte* Göttin und ihre Geschichte zu bejahen. Wir umarmen die Göttin, und indem wir sie umarmen, umarmen wir uns selbst – die weise, kompetente und wunderbare Frau, die wir alle sind.

Die Geschichten und Rituale der Göttinnen werden in sechs Kapiteln beschrieben, von denen jedes die Bedürfnisse und Interessen der verschiedenen Lebensphasen der Frau hervorhebt. *Entstehung*, das erste Kapitel dieses Buches, handelt von Göttinnen, die mit der Erschaffung des Universums betraut waren, und untersucht unsere Verbindung zur Erde. Die darauffolgenden Kapitel *Liebe* und *Mutterschaft* befassen sich mit Themen, die mit diesen Lebensbereichen in Zusammenhang stehen. Die Kapitel *Kreativität* und *Stärke* zeigen verschiedene

Wege auf, mit deren Hilfe Frauen ihre Kräfte erfahren können. Schließlich werden im Kapitel *Transformation* die Göttinnen dargestellt, die mit der weisen alten Frau bzw. der Phase in unserem Leben in Verbindung gebracht werden, die nach den Wechseljahren beginnt, und ebenso mit dem ewig wiederkehrenden Zyklus von Leben und Tod. An manchen Stellen werden nach dem Ritual für eine Göttin weitere Göttinnen aufgeführt, die ähnliche Eigenschaften aufweisen; die Beschreibung ist dann allerdings kürzer.

Jede Göttin ist natürlich sehr viel mehr als ihre in diesem Buch zugeschriebenen Eigenschaften. Ich hoffe, daß *Umarme die Göttin in dir* dich dazu anregen wird, noch mehr zu lesen über jede Göttin und die gesamte Erfahrungswelt, die ihre Geschichte – in manchen Fällen schon seit Tausenden von Jahren – bietet.

Aus diesem Grunde habe ich am Ende des Buches eine Literaturliste und ein Stichwortverzeichnis angefügt, in dem göttinnenbezogene Themen und Eigenschaften aufgeführt sind. Du kannst das Stichwortverzeichnis benutzen, indem du ein Thema nachschaust – wie beispielsweise »Mutterschaft« oder »körperliche Stärke« – und dann siehst du, welche Göttinnen bzw. welche Geschichten und Rituale mit diesem Thema in Zusammenhang stehen.

Das Buch ist zwar in erster Linie für Frauen geschrieben worden, doch ich hoffe, daß auch Männer darin Informationen finden werden, die ihnen dabei helfen, ihre heilige weibliche Seite anzuerkennen. Da das Anliegen dieses Buches darin besteht, ein kreatives Werkzeug zur Erforschung der Göttinnen zu sein, kann und sollte jedes Ritual als Ausgangspunkt angesehen werden, von dem aus du dir eigene persönliche Rituale erschaffen kannst – ein wunderbarer Weg, sich auf einer noch tieferen Ebene mit dem Weiblich-Göttlichen zu verbinden.

Aber jetzt ist es an der Zeit, daß du die Göttinnen kennenlernst. Seit vielen, vielen Jahren sind sie schon ein Teil von dir, und sie stellen all jenes Wissen und jene Kräfte dar, die du dir je wünschen kannst. Diese reichen vom Transzendenten oder Mystischen bis hin zum Irdischen, vom Pragmatischen zum Phantastischen. Wie im Märchen von Dornröschen ist ein prachtvolles Festessen für dich arrangiert worden, ein Festessen zur Feier der Göttin in dir. Doch hier gibt es genügend goldene Teller für jede Göttin, so daß alle anerkannt und geehrt werden können – und keine übergangen wird.

Und an diesem Tisch wartet auch ein goldener Teller auf dich, da auch du eine Göttin bist.

Eins

Entstehung

*Vor allen anderen Gottheiten rufe ich als erste in meinem Gebet,
Gaia, die Urprophetin, an …
Die große griechische Erd- und Muttergöttin.*

— Aischylos

Wer – oder was – könnte das geheimnisvolle, unendlich komplexe Geflecht erschaffen haben, das wir als »Universum« bezeichnen? Wie hat das alles einmal vor langer Zeit begonnen? In diesem Abschnitt richtet sich unser Forschungsdrang auf einige der Göttinnen, die mit der Erschaffung der Erde und des Universums, so wie wir es kennen, betraut waren. Bei der Erfüllung dieser Aufgabe erleben wir das Weiblich-Göttliche in seiner vielleicht größten und allumfassendsten Kraft.

Von der griechischen Göttin Gaia wird gesagt, daß sie das Universum aus ihrem Schoß erschaffen habe, während die ägyptische Göttin Hathor als Himmlische Kuh angerufen worden sei, die Milch fließen lassen konnte, um all die von ihr abhängigen Geschöpfe zu nähren. Die altnordische Göttin Jörd nährte den großen Weltenbaum, Yggdrasill, mit dem Wasser der Weisheit aus ihrem göttlichen Brunnen, der sich im Mittelpunkt der Erde befand. Der Spinnenfrau

Entstehung

schließlich, einer Gottheit der Indianer, wird nachgesagt, daß sie das Lebensnetz mit ihren Gedanken und Menschen aus verschiedenfarbigen Lehm- und Erdkugeln erschaffen habe.

So wie die hier erwähnten Schöpfungsgöttinnen sind wir als Frauen alle Schöpferinnen, denn jegliches Leben entsteht durch uns. In diesem Sinne spiegeln wir das Universum in uns und unserem Körper wider. Ist es angesichts dieses Vergleichs dann verwunderlich, daß so vielen Göttinnen nachgesagt wird, sie seien die Große Mutter?

Gaia

Himmlische Schöpfung

Was könnte vor Gaia, der Erde, existiert haben? Das ist schwer vorstellbar – unsere Seelen und unsere Sinne sind unwiderruflich mit all unseren Lebenserfahrungen auf dieser Erde verflochten. Die Schönheit unseres blauen Planeten mit seinen unzähligen Tieren, Pflanzen und anderen Lebensformen ist so prachtvoll, daß sie unseren Respekt und unseren Schutz verdient.

»Gaia« ist der Name der Göttin, mit dem die Griechen in der Antike unsere Erde verehrt haben. Man nahm an, daß Gaia, ein kosmischer, Leben gebärender Schoß, der aus der ursprünglichen Leere, die als »Chaos« bezeichnet wird, hervorgebracht worden ist, bereits existierte, bevor alles andere Leben entstand. Gaia schuf aus ihrem Schoß den Himmel, den sie Uranus nannte. Er sollte ihr Gesellschaft leisten und ihr Geliebter sein. Der über der Erde liegende Himmel zeugte in Gaias weitem Schoß zahlreiche Kinder. Aber Uranus, der befürchtete, daß sich diese als stärker erweisen könnten als er selbst, ließ nicht zu, daß Gaia die Kinder zur Welt brachte. Ihrem stärksten Kind, »Kronos« bzw. »Zeit«, gab sie jedoch eine aus einem stählernen, sehr harten, diamantähnlichem Material gefertigte Sichel an die Hand, mit der es Uranus vom Eingang ihres Schoßes aus entmannte.

So schuf Gaia alle Götter und Göttinnen der griechischen Welt. An ihrer berühmten heiligen Stätte in Delphi wurde Gaia insbesondere von Priesterinnen verehrt, die heilige Kräuter in einen großen Kessel warfen, um mit dem wohlriechenden Rauch Gaias ewige Weisheit heraufzubeschwören.

Ritual für Gaia

Die Schöpfung feiern – Eine geführte Meditation

Die geführte Meditation ist vielleicht die einfachste Form des Rituals. Alles, was du dafür benötigst, ist die Bereitschaft, in dir selbst einen ruhigen Raum zu schaffen und das Geheimnisvolle stattfinden zu lassen. Wenn man das Wort »Meditation« hört, dann denkt man sogleich an komplizierte Atemtechniken und unbequeme Sitzhaltungen. Doch glücklicherweise muß das nicht so sein. Eine Meditation kann einfach nur darin bestehen, daß du so lange deine Augen schließt und deine Gedanken zur Ruhe kommen läßt, bis du deinen inneren Wesenskern spürst, den Teil in dir, der beständig und vollkommen ist. Geführte Meditationen sind ein möglicher Weg, um deinem Erleben in diesem Raum eine Struktur zu geben.

Such dir einen bequemen Platz in einem ruhigen Zimmer, in dem du vollkommen ungestört bist. Ein sanft beleuchteter Raum ist schön, besonders dann, wenn er von Kerzenlicht erleuchtet wird; Kerzenlicht hilft, den Übergang von unserem alltäglichen Leben zu einem ursprünglicheren Dasein zu finden, bei dem das

Feuer und keine von Strom gespeiste Lampe als Lichtquelle diente. Erlaub dir, in diesem Raum all deine Alltagssorgen zu vergessen. Indem du dich bewußt von deinem normalen Leben löst, schaffst du dir deinen eigenen *heiligen* Raum; führt man das Wort »heilig« an seine Wurzeln zurück, so bedeutet es »an eine andere Stelle setzen«.

Wenn du dich in deinem heiligen Raum niedergelassen hast, dann schau dir deine Umgebung gut an. Was siehst du? Schau z. B. aus deinem Fenster, und stell fest, welche Tages- bzw. Nachtzeit gerade ist, wo die Sonne bzw. der Mond steht, welche Jahreszeit und wie das Wetter ist. Schließ jetzt deine Augen, und hör dem zu, was du hörst. Je nachdem, wo du lebst, hörst du vielleicht einen zwitschernden Vogel oder spielende Kinder. Wenn du in einer Stadt wohnst, hörst du vielleicht den Lärm von Autohupen oder heulenden Martinshörnern. Doch ganz egal, was es ist, laß all die Geräusche, die du hörst, in den Hintergrund treten, und beginne, auf das Geräusch deines Atem zu achten.

Achte schließlich auch auf deine Empfindungen. Sitzt du hart oder weich? Wie fühlt sich der Stoff deiner Kleidung oder der Polstermöbel auf deiner Haut an? Laß zu, daß all diese Sinneseindrücke ebenfalls verblassen, wenn du zu jenem tiefen Kern in dir vordringst.

Wenn du dort angekommen bist, vergegenwärtige dir noch einmal die Geschichte Gaias. Wie muß es für sie gewesen sein, das Universum aus ihrem himmlischen Schoß zu erschaffen? So wie Gaia besitzen die meisten von uns Frauen die Fähigkeit, aus uns heraus Leben zu erschaffen. Versuch dich daran zu erinnern, wie es war, als du dir zum ersten Mal der Jahreszeiten bewußt geworden bist; sie alle sind von Gaia erschaffen worden: Erinnerst du dich an den ersten Schnee oder die erste drückend heiße Sommernacht, in der deine Haut so heiß war, daß sie keine Berührung vertragen konnte? Wann hast du das erste Mal bemerkt, daß das Leben zweigeteilt ist, in einen von der Sonne regierten Teil und einen, über den Mond und Sterne herrschen? Betrachte rückblickend die Zyklen

GAIA ～ ENTSTEHUNG

der Erde, andere Planeten, die Sonne und den Kosmos, und wisse, daß du dadurch, daß du sie mit deiner Aufmerksamkeit ehrst, ebenso eine Schöpferin bist wie Gaia. Wenn du bereit bist, öffne die Augen.

～ Weitere Göttinnen ～

ADITI ～ In Indien gilt die Göttin Aditi als Schöpferin des Lebens. Da sie die Planeten und Sterne geboren hat, wird sie oft unter der Bezeichnung »Mutter des endlosen Raums« verehrt.

Jörd

Verbundenes Leben

Von Jörd oder Urd, der altnordischen Erdgöttin, glaubte man, daß sie in einer Höhle im tiefsten Innern der Erde in der Nähe von Yggdrasills Wurzeln leben würde, des großen Weltenbaums, dessen Hauptäste das gesamte Leben aufrechterhielten und miteinander verbanden und dessen Wurzeln als Achse dienten, um die sich die Erde drehte. Von dieser schattigen Höhle aus, wo der fruchtbare Boden auf die hungrigen Wurzeln traf, erquickte Jörds ergiebige Quelle der Weisheit den Weltenbaum. Diese magische Wasserquelle ermöglichte es Yggdrasill, so groß zu werden, daß seine höchsten Äste den Himmel berührten und seine weitesten jedem Schatten spendeten.

Jörd wurde von denen angerufen, die ihre allumfassende Weisheit benötigten, und von denjenigen, die sich von ihr Hilfe erhofften bei der Unterwerfung der unerbittlichen Schicksalsmächte, über die sie herrschte. In einem Mythos heißt es, daß der altnordische Gott Odin für das Privileg, aus Jörds Brunnen trinken zu dürfen, ein Auge opferte; seine unaufhörliche, ehrgeizige Suche nach Weisheit und Macht über das Schicksal war ihm weitaus wertvoller als die alltägliche Gabe des Sehens.

In einer anderen Geschichte wird behauptet, daß Jörd die älteste der drei Nornen sei, einem Göttinnen-Trio von Schwestern, denen man nachsagte, daß sie über die Vergangenheit, die Gegenwart und die Zukunft herrschten.

~ Ritual für Jörd ~

Das Schicksal voraussagen – Ein Orakel

Da die Skandinavier Jörd mit den Schicksalskräften assoziierten, bestand für sie zwischen der Göttin und der Wahrsagekunst, die in der vorchristlichen Gesellschaft Skandinaviens geschätzt wurde, eine klare Verbindung. Heute fällt es uns schwer, uns vorzustellen, daß zu jener Zeit Seherinnen, d.h. Frauen, die die Wahrsagekunst praktizierten, in jedem Haus gern gesehen waren, da man glaubte, daß sie von der Welt der Geister Unterstützung erhielten. Die Vorhersagen stellten sich den Seherinnen häufig in Form von geheimnisvollen Gedichten dar, die sie durch die Verwendung von Runen oder anderer Orakel erhielten; im Entschlüsseln der Botschaften waren sie sehr geübt.

Die Seherinnen stellten ihre Runen aus Knochen oder Holzstücken her, die aus einem Nußbaum gehauen wurden. Aus diesem Material schnitzten oder malten sie kraftvolle Symbole. Dadurch, daß die Seherin die Runen aus einem Baum herstellte, bediente sie sich in gewisser Weise derselben Wissensquelle, die auch Jörd benutzte, um Yggdrasill, den Weltenbaum, zu nähren – und rief damit folglich Jörd an.

Indem wir natürliche Gegenstände als Orakel benutzen, werden auch wir daran erinnert, daß die Natur uns auf unsere dringendsten und wichtigsten Fragen die Antworten liefern kann, die wir brauchen. Wie die skandinavischen Seherinnen aus jener fernen Zeit könntest auch du Runen selbst herstellen und sie mit Symbolen versehen, die für dich von Bedeutung sind. Du kannst Runen herstellten, indem du Gegenstände wie Adlerfedern, Steine, gebogene Rindenstücke, Eichenblätter oder andere Dinge benutzt, die eine ganz besondere Bedeutung für dich haben.

Wenn all deine Runen dieselbe Form haben, dann leg jede Rune mit der Oberseite nach unten verdeckt auf eine glatte Oberfläche und schau in den Himmel. Wenn du eine bestimmte Frage hast, die du den Runen stellen willst, ist jetzt der richtige Zeitpunkt dafür gekommen. Du könntest aber auch darauf vertrauen, daß die Informationen, die du bekommst, für dich von Nutzen sind. Wenn du jede Rune berührst, spür nach, ob sich nicht eine von ihnen besonders stark in deine Hand eindrückt. Triff deine Wahl und schau sie dir an. Was sagt dir die Rune über deine gegenwärtige Befindlichkeit?

Wenn die Runen so unterschiedlich sind, daß du sie durch Berührung erkennen kannst, legst du sie in einen Leinenbeutel. Schüttele den Beutel ein wenig, und laß die Runen sanft herauspurzeln. Erkennst du in dem Muster, das sie bilden, eine Geschichte? Was erzählt sie dir?

Ein anderes Orakel, das die Skandinavier zum Wahrsagen benutzten, war die Erde selbst. Diese Methode beruht darauf, daß wir die Natur als ein lebendiges, weises Wesen anerkennen, das mit und neben uns existiert. Den Skandinaviern diente die Natur selbst als Orakel – Tiere, Vögel, der Himmel und der Ozean. Sie glaubten, daß sie durch Beobachtung der Tiere und der Elemente Antwort auf ihre Fragen erhalten würden. Insbesondere Pferde wurden als Vertraute der Götter und Göttinnen angesehen und waren angeblich in der Lage, feinfühligen Menschen den Willen des Himmels zu erschließen. Bewegte sich das Pferd ruhig, dann verhieß das eine friedliche Lösung bezüglich der gestellten Frage, wohingegen andere Bewegungen für andere Ergebnisse standen.

Wenn du das Meer um Rat fragen willst, gehst du bis zu den Knien hinein und schreist deine Frage hinaus. Richte deine Aufmerksamkeit auf die Reaktion der Wellen: Spritzen sie bestätigend hoch? Plätschern sie ruhig vor sich hin? Betrachte ebenfalls Farbe und Farbschattierung des Wassers: Ist das Wasser klar oder trübe? Blau oder schmutzigbraun? Welche Töne hörst du? Auf ähnliche Weise könntest du auch den Himmel um Rat fragen.

Aus all diesen Erscheinungen setzt sich die Sprache der Erde zusammen. Nimm wahr, welche Weisheit du von Jörd, von Mutter Erde, bekommen hast, und dank ihr für ihre Antworten.

～ Weitere Göttinnen ～

Danu ～ Im alten Irland wurde Danu als größte und weiseste aller keltischen Göttinnen verehrt. Sie gilt als Mutter aller Götter und Göttinnen. Ihren Verehrern schenkt sie Reichtum und Wissen.

Hathor

Die Verheissung der Fülle

Als Göttin der Fruchtbarkeit und der Fülle wurde Hathor im alten Ägypten als die Goldene verehrt – als Gottheit, die soviel Macht besaß, daß sie ihren Verehrern aus mißlichen Lagen, die sich von fehlendem Reichtum bis hin zu Liebesangelegenheiten erstreckten, helfen konnte.

Da man sie als ägyptische Mutter der Götter und Göttinnen ansah, wurde Hathor aufgrund ihrer Fähigkeit, die ganze Welt zu ernähren, auch als »Himmlische Kuh« bezeichnet. Es ist daher nicht überraschend, daß diese Göttin oft mit einem Kuhgesicht dargestellt wurde oder mit einem Kopfschmuck aus Hörnern, auf dem ein die Sonne symbolisierender Kreis ruht. Öffentliche Feierlichkeiten zu Ehren Hathors fanden normalerweise im November statt. Die Rituale bestanden häufig aus dem zeremoniellen Tragen und Darstellen der Heiligenstatue der Himmlischen Kuh. Viele vergleichen die Himmlische Kuh auch mit der Milchstraße, jenem wunderschönen Sterngürtel, der in dunklen Nächten, in denen der Mond nicht scheint, so gut sichtbar ist. Hathor war so beliebt, daß sie zu einer bestimmten Zeit in ihrem heiligen Tempel von 61 Priesterinnen gleichzeitig bedient wurde. Selbst heute noch wird ihr uralter Schrein von Frauen aufgesucht, die sie um Unterstützung für die Empfängnis von Kindern bitten.

~ Ritual für Hathor ~

Die Goldene anrufen – Ein Ritual zur Erschaffung von Fülle

Schon im Altertum wurde Hathor darum gebeten, den Menschen bei der Erschaffung von Fülle auf der persönlichen Ebene (wie beispielsweise Hilfe bei einer Liebesangelegenheit) zur Seite zu stehen als auch auf der gemeinschaftlichen Ebene (eine reichhaltige Ernte, so daß jeder genug zu essen hatte). In welchem Bereich soll dir Hathor bei deinem Wachstum weiterhelfen? Verwende diese uralten Rituale, um deinen eigenen Opfergaben an Hathor, die Überbringerin von Reichtum, Gestalt zu verleihen.

Ein Ritual bestand darin, Kühe auf die Weide zu führen und sie dort zu melken. Ihre frische Milch wurde dann als Trankopfer auf den ausgedörrten Boden gegossen. Dieses Ritual wurde in der Hoffnung durchgeführt, Hathor davon überzeugen zu können, für das Wachstum der bestellten Felder den so dringend benötigten Regen zu schicken. Man erhoffte sich von solchen Handlungen einen »Sympathiezauber«, d.h., man glaubte, daß eine in kleinerem Rahmen ausgeführte Handlung dasselbe Ergebnis auch in größerem Rahmen zur Folge haben würde, nach dem magischen Prinzip: »Wie oben, so unten.« Um Hathors Gunst zu gewinnen, führten die Ägypter ein ähnliches, wenn auch einfaches Ritual durch: Sie sprenkelten magisch aufgeladenes Wasser auf die Erde.

Um deine eigenen Träume von Reichtum zu nähren, nimmst du eine goldene Kerze, um die Goldene anzurufen. Ritz mit einem spitzen Gegenstand deinen Namen ein und das, wofür du Hathor um Hilfe bittest. Stell die Kerze an einem sicheren Ort auf und zünde sie an. Nimm jetzt eine Schüssel mit klarem Wasser, und segne es, indem du die brennende Kerze hineinfallen läßt – so wie es die Ägypter vor vielen Tausenden von Jahren taten. Dann sprenkle das heilige Wasser auf die Erde. Sei dir bewußt, daß du durch diese Handlung deine Hoffnungen in die Welt hinausträgst.

Nachdem du dieses Ritual ausgeführt hast, zünde an drei aufeinanderfolgenden Abenden deine Kerzen zu Ehren Hathors an, und denk über das nach, worum du sie gebeten hast – und darüber, was du tun kannst, um ihr bei der Erfüllung deiner Wünsche behilflich zu sein.

Die Spinnenfrau

Das Lebensnetz

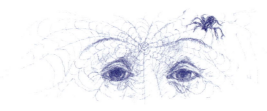

Viele der auf dieser Welt heimischen Kulturen haben zu unterschiedlichen Zeiten geglaubt, daß alle Erscheinungen der Welt durch ein starkes, jedoch feingewobenes Netz miteinander verbunden seien. Die Puebloindianer schreiben das Spinnen dieses Lebensnetzes einer Schöpfungsgöttin zu, die so mächtig ist, daß ihr wirklicher Name niemals ausgesprochen wird. Viele nennen diese Göttin »Spinnenfrau«; da alles aus ihren Gedanken entstanden ist, wird sie auch als »Frau der Gedanken« bezeichnet.

Die Spinnenfrau existierte bereits, bevor die Welt existierte. Aber durch ihr Spinnen und Singen gelang es ihr, die vier Himmelsrichtungen zu erschaffen. Von diesem Raum aus erzeugte sie ihre Töchter, Ut Set und Nau Ut Set. Den Anweisungen ihrer Mutter folgend, erschufen Ut Set und Nau Ut Set die Sonne, den Mond und die Sterne, um die Dunkelheit aus dem Universum zu verbannen. Dazu verwendeten sie Muscheln, Türkise, rote und gelbe Steine sowie Bergkristalle.

ENTSTEHUNG ∾ DIE SPINNENFRAU

Als die Spinnenfrau auf diese Weise ihr Netz und ihre Gedanken spann, erschuf sie alles Leben – die Berge, die Seen, die Ozeane und die Wüsten. Sie schuf Menschen aus unterschiedlich gefärbter Erde. Und schließlich schuf die Spinnenfrau unter Verwendung des letzten Fadens ihres Netzes eine Verbindung zwischen sich und uns, die auf ewig bestehen sollte.

∾ RITUAL FÜR DIE SPINNENFRAU ∾

Das Tor öffnen – Ein Gruppengesang

Die feministische Wissenschaftlerin Merlin Stone schreibt in ihrem Buch *Ancient Mirrors of Womanhood*, daß jede von uns auf der obersten Stelle unseres Kopfes ein »Tor« besitzt, durch das wir mit der Spinnenfrau verbunden sind. In der Tradition des Yoga wird dieses Tor als »Kronenchakra« bezeichnet. Es ist ein Ort der Energie, der mit der höchsten spirituellen Erleuchtung in Verbindung steht. Um die schöpferische Weisheit der Spinnenfrau anzurufen, müssen wir einfach nur unser Tor öffnen und jenen kostbaren Faden wahrnehmen, über den wir mit ihrem Netz verbunden sind.

Du weißt hoffentlich, wie es sich anfühlt, in eine schöpferische Tätigkeit versunken zu sein und dabei das Gefühl für Zeit zu verlieren – es sind jene Momente, in denen wir uns durch unser Gefühl der Verbundenheit mit dem Universum gesegnet fühlen. Diese Augenblicke könnten auch eine Zeit gewesen sein, zu der das Tor zur Weisheit der Spinnenfrau geöffnet war. Vielleicht war dabei das einzig Wichtige, ihr Geschenk, so wie es war, anzunehmen.

Ähnlich wie die Spinnenfrau ihr Netz gesponnen hat, so können auch wir unser Tor mit Hilfe von Musik oder Gesang öffnen. Diese Methode wird von den Schamanen auf der ganzen Welt verwendet, um den Geist in einen erweiterten Bewußtseinszustand zu versetzen. In Sibirien stellte sich der Schamane bzw. die Schamanin mit gespreizten Beinen vor die Trommel und schlug sie so, als ob sie ein Reitpferd sei, das sie zum Ort der Geister bringen würde. Viele indianische Traditionen beinhalten Trommel- und Gesangszeremonien, mit deren Hilfe ein erhöhter Bewußtseinszustand erreicht werden kann.

Trommeln und Gesang bieten wunderbare Möglichkeiten für Gruppenrituale, egal ob du nun musikalisch bist oder nicht. Indem du eine Gruppe von Frauen zusammenbringst, um die Spinnenfrau anzurufen, ehrst du dadurch gleichzeitig deine Verbindung zu ihnen und der Welt; ja, du bringst deinem eigenen, von dir geschaffenen Lebensnetz Respekt entgegen. In der Vergangenheit kamen Frauen oft zusammen, um sich beim Weben und Nähen der Kleider für ihre Familien Gesellschaft zu leisten. Diese Zusammenkünfte wurden als Zeiten der Kraft angesehen, denn während dieser Zeit schmiedeten und ehrten Frauen ihre Beziehungen zueinander. Du kannst bei deinen Zusammenkünften dasselbe tun.

Die Gesänge für deine Gruppentreffen zur Verehrung der Spinnenfrau können aus unterschiedlichen Quellen entnommen werden. Ihr könnt auch selbst ein Lied schreiben. Oder ihr wählt ein Lied aus einem Buch aus. Ein Buch, das mir besonders gut gefällt, *Das geheime Wissen der Frauen. Lexikon der weiblichen Spiritualität* von Barbara Walker, enthält viele gute Lieder, aus denen du dir ein paar aussuchen kannst. Wenn du zu schüchtern bist, deine eigene Musik zu komponieren, um dein Tor zu öffnen, könntest du dir eine Kassette mit indianischer Musik oder einer anderen Musik anhören, deren Rhythmus stark genug ist, um sich von ihm einfangen zu lassen.

Wenn du chantest, singst oder trommelst, dann spür die Töne, die in deinem Körper vibrieren – bis hin zur obersten Stelle auf deinem Kopf, wo sich dein Tor zur Spinnenfrau befindet. Vielleicht merkst du, wie die Musik dort hindurchgeht, hinauf in das Universum zur schöpferischen Weisheit der Spinnenfrau.

~ Weitere Göttinnen ~

BERCHTA ∞ Von Berchta, der germanischen Göttin, die den Schicksalsfaden spinnt, wird gesagt, daß sie einen Umhang aus Schnee um ihre Schultern trüge. Sie steht außerdem Haushaltsangelegenheiten vor.

BILIKU ∞ Auf den Andamanen im indischen Ozean wird die Schöpfungsgöttin Biliku oft als Spinne dargestellt. Da sie sowohl als gut als auch als böse angesehen wird, glaubte man von Biliku, daß sie die erste Gottheit sei, die das Feuer besitze und kontrolliere.

Zwei

Liebe

*Auf jener Wiese, auf der die Pferde ihren Glanz erhielten,
und alle Frühlingsblumen wild blühen,
erfüllen die Anisschößlinge die Luft mit ihrem Duft.
Dort gießt unsere Königin Aphrodite
himmlischen Nektar in goldene Tassen.*

— Sappho

Persephone und ihre erste Liebe. Aphrodites Leidenschaft und Sinnlichkeit. Benzai-tens heitere, transzendente Liebe, die nichts in Frage stellt. Verführerisch, kokett, edel, schön, warmherzig und kühl – All-Göttin, All-Göttliche, All-Wissende um Herzeleid und endlose Freude.

Ebenso wie es Erfahrungen von leidenschaftlicher Liebe gibt, gibt es auch Göttinnen, die unsere Erfahrungen in dieser Hinsicht widerspiegeln. Diese Göttinnen, die die Veränderungen versinnbildlichen, die sich in unseren Beziehungen vollziehen, wenn wir an Reife und Weisheit gewinnen, spiegeln unsere Entwicklung vom Mädchen zur Frau, den zunehmenden Mond bis zum Vollmond, wider.

Die Geschichte Persephones, der griechischen Göttin der Unterwelt, bietet uns die Möglichkeit, den oft schwierigen Übergang von der Jungfrau zur Braut zu erforschen. Die aztekische Göttin Xochiquetzal und die himmlische Aphrodite enthüllen uns den Sirenengesang sexueller Lust, während Hera die Struktur der Ehe auf diese mächtigen Kräfte ausweitet. Die japanische Göttin Benzai-ten zeigt uns die Weisheit, die darin liegt, unsere Partner zu erkennen, anzunehmen und so zu lieben, wie sie sind.

   Was für ein Glück es für uns ist, daß der Lauf der Zeit uns die Möglichkeit gibt, verschiedene Arten von Liebesbeziehungen auszukosten. Ob es sich nun um Beziehungen zu einem oder einer Geliebten, einem Partner oder einer Partnerin, einem Ehegatten oder einer Ehegattin handelt; ob es kurzfristige Beziehungen sind oder solche, die bis in alle Ewigkeit halten. Alle Liebesbeziehungen bieten Freuden und Herausforderungen – denn wir sehnen uns nach der Vermählung der Göttin in uns mit ihrem geliebten Gemahl.

Persephone

Erstes Blut, erste Liebe

Der geheimnisvolle dunkle Mythos um die griechische Göttin Persephone ist in vielfacher Weise die Geschichte der Initiation eines Mädchens, die Bedeutung ihres eigenen Blutes zu erfahren – des Menstruationsblutes, das das Geheimnis der sexuellen Reife in sich birgt. Nur wenige Frauen sind emotional dazu bereit, schon zur Zeit ihrer ersten Menstruation sexuell aktiv zu werden; es ist jedoch dieses erste Blut, das anzeigt, daß die Zeit bereits herannaht. Bald werden wir uns in jemanden verlieben und uns dafür entscheiden, unseren Körper mit dieser Person zu teilen.

Persephone war die geliebte Tochter der Erntegöttin Demeter; sie wurde jedoch gezwungen, die Frau Plutos, des Herrschers der Unterwelt, zu werden. Er hatte sich in sie verliebt und entführte das Mädchen von einer Wiese, als es sich herunterbeugte, um eine Narzisse zu pflücken. Solange sie sich in der Unterwelt befand, aß Persephone nichts weiteres als sechs Kerne eines Granatapfels. Damit machte Persephone deutlich, daß sie weder ihre Sexualität noch Pluto als ihren Ehemann annehmen wollte. Dieser Aufenthalt trennte sie ein halbes Jahr lang von ihrer Mutter – jeder verspeiste Kern steht für einen Monat.

Der Granatapfel mit seinen vielen Trauben von gewachsenen Kernen ist ein Bild für die Fruchtbarkeit der weiblichen Eierstöcke. Dies zeigt sich auf vielen Gemälden der Renaissance, auf denen die Jungfrau Maria mit Granatäpfeln dargestellt ist, die ihre lebensspendende Kraft verdeutlichen. Persephones Aufenthalt in der Unterwelt könnte für einige Frauen auch ein Symbol für die dunkle, depressive Seite ihrer Psyche sein, eine Seite, die viele Frauen erst zur Zeit ihrer sexuellen Reife entdecken.

Ritual für Persephone

Die Eleusinischen Mysterien – Eine Feier, eine Initiation

Unserer Gesellschaft stehen für die übernatürliche Kraft der ersten Menstruation nur wenige Rituale zur Verfügung – ganz im Gegensatz zu den weniger industrialisierten Gesellschaften, die derartige Rituale durchaus praktizieren. Genau wie bei Persephones Abstieg in die nicht von der Sonne beschienene Unterwelt, so gehörte zu diesen Initiationsritualen, daß sich die menstruierenden Frauen in eine ausschließlich dafür vorgesehene Hütte zurückzogen: Kein Licht durfte in ihr abgedunkeltes Inneres vordringen. Da Männer bei ihrer Entwicklung auf nichts zurückgreifen können, was der Menstruation entspricht, schufen sie häufig Rituale, die das widerspiegelten, was bei den Frauen auf ganz natürliche Weise geschah. Einige Stämme in Australien schlagen einem Jungen bei der Pubertät einen Zahn aus, damit sich Blut im Mund bildet.

Die wichtigsten Rituale, die mit Persephone verbunden werden, sind die großen Eleusinischen Mysterien. Obwohl wenig über diese Riten bekannt ist, glaubte man zu einer bestimmten Zeit, daß nur Frauen zu den Mysterien zugelassen waren. Eines ist jedoch sicher: Diejenigen, die sich den Riten von Eleusis unterzogen hatten, veränderten sich unwiderruflich. Cicero schrieb darüber: »Man hat uns einen Grund gegeben, nicht nur in Freude zu leben, sondern auch mit mehr Hoffnung zu sterben.«

Die Eleusinischen Mysterien fanden jedes Jahr im September in Athen statt. Sie begannen damit, daß diejenigen, die in die Mysterien eingeweiht wurden – die Initianten –, neun Tage lang fasteten. Danach reinigten sie sich im Meer und gingen zu Fuß nach Eleusis, eine Strecke, die fast den ganzen Tag in Anspruch nahm. Sobald sie dort angekommen waren, verband man die Augen der Initianten mit einem Tuch und führte sie in einen Tempel.

Über die Zeit danach ist wenig bekannt. Einige sagen, daß die Initianten durch labyrinthähnliche Gänge geführt wurden; andere meinen, daß man ihnen eine Ährengarbe zeigte, die Persephones Rückkehr aus der Unterwelt sowie Demeters wunderbare lebensspendenden Kräfte darstellte. Wenn die Initianten dann in die Welt des Lichts zurückgeführt wurden, brachen sie ihr Fasten mit *kykeon*, einem Getränk aus Wasser und Minze, mit Schrotmehl angedickt.

Um die erste Menstruation eines Mädchens zu ehren (vorausgesetzt, es fühlt sich in seinem Körper so wohl, daß es sie ohne Peinlichkeit zulassen kann), kannst du eine Feier organisieren, um das Mädchen in der Gemeinschaft der Frauen willkommen zu heißen. Bei dieser Feier kannst du Teile aus den Eleusinischen Mysterien verwenden. Das gerade zur Frau gewordene Mädchen, das geehrt wird, trägt ein Kleid, das so rot ist wie das satte Blut des Lebens, und eine Krone aus Ährengarben auf ihrem Kopf. Um das Fasten zu brechen, servierst du einen Kuchen aus Mehl und Minze, der dieselben Zutaten enthält wie das Kykeon-Getränk, das die Eingeweihten von Eleusis getrunken haben.

Persephone ∞ Liebe

Erzähl schließlich in einem Raum, der so dunkel ist wie die Unterwelt, die Geschichte von Persephone, oder lies sie aus einem Buch vor, während ein Granatapfel zum Verzehr von Frau zu Frau herumgereicht wird, um so das Wunder des Blutes aufzuzeigen, das uns alle miteinander verbindet.

∞ Weitere Göttinnen ∞

Fortuna Virginensis ∞ Fortuna Virginensis ist ein Aspekt Fortunas, der römischen Glücksgöttin. Frisch vermählte Frauen ehrten sie, indem sie ihr nach der Hochzeitsnacht ihre Gewänder darbrachten.

Xochiquetzal

Die Kraft der Liebe verstehen

Xochiquetzal, die aztekische Göttin der Liebe und der Schönheit, hatte den Ruf, verspielt, fröhlich, schön und äußerst kokett zu sein. Sie wurde von vielen Männern begehrt, die immer wieder versuchten, sie ihrem Ehemann, dem Regengott Tlaloc, abzuwerben. In zahlreichen Gedichten dieser Zeit werden ihre Schönheit, ihr Frohsinn und ihr verführerisches, königliches Auftreten gepriesen.

Wie die griechische Göttin Persephone, so wurde auch Xochiquetzal für eine junge, unberührte Frau gehalten; aber im Gegensatz zu Persephone war sich Xochiquetzal jedoch der Kraft ihrer Sexualität und ihrer Wirkung auf das andere Geschlecht vollkommen bewußt. Sie spielte damit oft zu ihrer eigenen Unterhaltung und ihrem Vergnügen.

Xochiquetzal wurde auch als Göttin der Blumen, des Tanzes, der Musik und des Kunsthandwerks verehrt, also für Dinge des Lebens, die sowohl nützlich als auch angenehm sind. Ihr blütenschwerer Garten lag auf einem Berggipfel über den neun Himmeln, einem Paradies, von dem die Verehrer Xochiquetzals glaubten, sie würden dort nach dem Ende ihres irdischen Lebens mit der Göttin vereint.

Ritual für Xochiquetzal

Die Göttin und die Ringelblume – Eine Übung zur Wertschätzung

Einige Anthropologen glauben, daß die Feste zu Ehren Xochiquetzals Rituale beinhalteten, die junge Menschen in einer sicheren Umgebung in die Freuden der Sexualität eingeführt haben. Heute müssen angesichts der gefährlichen Verbreitung von AIDS und anderer durch Geschlechtsverkehr übertragener Krankheiten insbesondere junge Frauen den Rausch von Sexualität und Liebe mit Vorsicht angehen.

Vielleicht bringt ein aztekisches Manuskript aus der Zeit Xochiquetzals das am besten zum Ausdruck. Darin rät eine Mutter ihrer Tochter: »Versteh, daß du edel bist. Erkenne, daß du sehr kostbar bist, selbst wenn du noch eine kleine Dame bist. Du bist ein Türkis ... du stammst von einem edlen Geschlecht ab ...« Wir täten gut daran, auf diese Ermahnung zu hören. Wie der Empfänger dieses Rates, nämlich Xochiquetzal, so sind wir *alle* Nachfahren eines edlen Geschlechts, wir *alle* sind göttlich; wir müssen unsere Sexualität und die damit verbundenen Kräfte ebenfalls als göttlich behandeln.

Der Name »Xochiquetzal« bedeutet »Federblume«, ein passender Name für eine Göttin, deren heilige Blume die Ringelblume ist, eine Blume mit vielen Blütenblättern, die aussehen wie Federn. Sie besitzt die feine, komplexe, vielschichtige Kraft der weiblichen Sexualität.

Für diese Übung brauchst du eine Ringelblume, Papier und einen Bleistift. Setz dich in einen ruhigen, sanft beleuchteten Raum, in dem du es dir bequem machen kannst. Schließ die Augen.

Stell dir vor, du säßest in so grellem Sonnenlicht, daß du seine rote Hitze durch deine geschlossenen Augenlider sehen könntest. Fühl dann die sinnliche Glut. Kannst du Xochiquetzals Gegenwart in dir spüren? Wie fühlt sich ihre kokette, verführerische Art für dich an? Frag, was du tun mußt, um jene Energie häufiger als Teil von dir selbst zu empfinden. Sobald du eine Antwort bekommen hast, öffnest du die Augen und schreibst sie auf.

Nimm jetzt deine Ringelblume in die Hand. Schau dir genau ihre eng aneinanderliegenden Blütenblätter an: Kannst du jeweils nur ein Blatt anschauen? Betrachte ein Blütenblatt nach dem anderen, und schreib jeweils eine Eigenschaft der weiblichen Sexualität auf, die du wertschätzt. Wenn du dich mit dieser Übung nicht wohl fühlst, nimmst du dir mehr Zeit. Du wirst vielleicht darüber nachdenken und zu dieser Übung zurückkehren müssen, aber es besteht auch die Möglichkeit, daß du mehr Eigenschaften wertschätzt, als die Blume Blütenblätter hat.

Wenn du fertig bist, legst du deine Liste und deine Ringelblume unter dein Kopfkissen. Laß im Schlaf die Liste in dein Unterbewußtsein einsinken, um auf diese Weise sowohl dir selbst als auch deinen sexuellen Beziehungen Kraft zu verleihen.

∞ Weitere Göttinnen ∞

LALITA ∞ In Indien amüsiert sich diese jugendliche Göttin der Liebe und der Sexualität, indem sie mit dem Universum spielt wie eine kokette Frau mit ihrem Liebhaber. Passenderweise wird der Name »Lalita« mit »die Verliebte« übersetzt.

XOCHIQUETZAL ∞ LIEBE

OSHUN ∞ Die Yoruba-Göttin Oshun ist so kokett und funkelnd wie der Fluß, der ihren Namen trägt. Ihre exotische Schönheit ist berauschend: Ihre schwarze Haut ist weich wie Samt, ihr kunstvoller Kopfschmuck besteht aus Federn in reichhaltigen Schattierungen, die ihre glänzenden Augen betonen. Die Göttin Oshun, die sowohl in Afrika als auch in der Karibik verehrt wird, ist bei denjenigen beliebt, die Liebe anziehen möchten.

Aphrodite

Romantische Liebe

Königin der Schönheit, Königin der Liebe – für viele Menschen ist die Göttin Aphrodite die Verkörperung dieser berauschenden, verrückt machenden Kräfte. Zu ihrem mächtigen Reich gehören Ekstase und Lust, die lächelnden Qualen, die aus der romantischen Liebe erwachsen. Kein Mensch kann sich dem Zugriff ihres verführerischen Einflusses entziehen – und das streben wir auch nicht an.

Die griechische Göttin Aphrodite, die bei den Römern als Venus bekannt ist, wurde aus Meerwasser und Schaum geboren und in einer Muschelschale auf die Erde gebracht. Ihre Gefährtinnen, drei Grazien namens Frohsinn, Glanz und Blüte, zeigen die Wunder, die die Göttin zu bieten hat, wenn sie beschließt, auf unsere irdischen Anliegen herabzulächeln. Wo immer Aphrodite wandelt, erheben sich Blumen von der Erde, um ihre verjüngenden Gaben willkommen zu heißen. Alle Menschen und Tiere werden dazu angeregt, einander zu lieben, und so den Fortbestand des Lebens zu sichern.

Als unwillige Frau des Hephaistos oder Vulkan, des lahmen Gottes der Schmiedekunst und des Handwerks, stellt Aphrodite das notwendige Gleichgewicht von Schönheit und Nützlichkeit her. Aber eine Göttin von solch überwältigender Schönheit und Sinnlichkeit konnte jemandem, der so häßlich war, nicht treu bleiben; die Göttin hat zahlreiche Männer mit der Gabe ihrer Liebe beschenkt.

Ritual für Aphrodite

Sich die Göttin in der Phantasie ausmalen – Liebesmagie

Bilder von Sinnlichkeit und Romantik finden sich in den Mythen um Aphrodite in Hülle und Fülle. Auf der Insel Zypern, wo die Göttin zuerst ihren Fuß auf die Erde gesetzt haben soll, wurden Schalentiere als heilig angesehen, weil ihre Form den Schamlippen einer Frau ähnelt. Die Rose, die Aphrodite geweihte Blume, war in den Romanzen des Mittelalters ein Objekt der Begierde, aber eigentlich meinte man damit die samtigen, rosigen Falten des kostbarsten Juwels einer Frau.

Der Geruch von Myrte, einer Pflanze, die ebenfalls Aphrodite geweiht ist, verhieß Liebe und Anziehung; in der griechisch-römischen Welt trugen Bräute an ihrem Hochzeitstag aus Myrte geflochtene Kränze. Von Ovid wissen wir, daß Aphrodite ebenso wie Venus von Frauen bei den Veneralia verehrt wurde, einem Fest, das jedes Jahr am 1. April gefeiert wurde. An diesem Festtag, so berichtete Ovid, mußten Frauen »die Statuen der Venus vollständig abwaschen, ihnen wieder ihre goldenen Halsketten umlegen und ihnen Rosen und andere Blumen darbieten; und dann mußt du dich, wie es die Göttin befiehlt, selbst unter dem grünen Myrtenstrauch waschen.«

Es war jedoch Cestus, der reich verzierte Gürtel der Aphrodite, der den kraftvollsten Zauber der Göttin enthielt. Dieses magische Stück Stoff konnte der Trägerin solche Verführungskräfte verleihen, daß selbst die unnachgiebigsten Liebhaber verzaubert wurden und sich einer romantischen Begegnung hingaben.

Viele dieser Geschichten sind auch heute noch leicht aus unseren Werbungsritualen erkennbar. Statt Muschelschalen zu verehren, speisen wir jedoch unsere Liebhaber mit Austern und flüstern ihnen etwas zur Belebung der Sexualkraft ins Ohr. Am Valentinstag schenken wir Rosen. Wir parfümieren uns mit süßen Düften und ziehen uns mit besonderer Sorgfalt an, um so bezaubernd wie möglich auszusehen.

Um die Gegenwart Aphrodites in dir wachzurufen, könntest du dich auf deinen Geliebten vorbereiten, indem du den folgenden Liebeszauber anwendest:

Bade in Salzwasser, das du mit Rosenöl oder -blättern parfümiert hast, wie das Meerbad, aus dem Aphrodite entstanden ist. Da die Sechs als heilige Zahl der Göttin der Liebe angesehen wird, stell sechs Kerzen auf den Rand deiner Badewanne. Das kann dir dabei helfen, deine Aufmerksamkeit auf die bevorstehende Nacht der Glückseligkeit zu konzentrieren. Wenn du dich in das Wasser gleiten läßt, stellst du es dir als heilige Flüssigkeit vor, die dir die Kräfte der Aphrodite verleiht.

Wenn du dich abtrocknest, fühl, wie deine Haut das Rosenwasser aufnimmt und den feinen Duft der Göttin auf deinem Körper hinterläßt. Bevor du dich anziehst, schließt du einen Moment die Augen und stellst dir vor deinem inneren Auge deine Kleider vor: Sie sind von einem goldenen und pinkfarbenen Licht umgeben. Dieses Licht ist die Kraft von Cestus, Aphrodites magischem Gürtel. Wenn du dich anziehst, fühlst du Cestus' warmes, erdiges, verführerisches Licht überall um dich herum.

Wenn du möchtest, kannst du dir einen besonderen, gestickten Gürtel kaufen oder selbst machen und ihn um deine Taille binden. Wie Cestus soll er die un-

APHRODITE ~ LIEBE

widerstehliche Kraft deiner Anziehung darstellen, und du solltest ihn nur für deinen Angebeteten tragen – und ablegen.

~ Weitere Göttinnen ~

RATI ~ Über diese schöne Göttin, die in Indien und auf Bali verehrt wird, wird häufig gesagt, daß sie als reife, schwangere Frau mit vollen Brüsten erscheint, die Lust und Milch versprechen. Rati verheißt leidenschaftliche Nächte, den Austausch seelenvoller Küsse. Sie ist eine der Frauen Kamas, des Gottes der Liebe.

Benzai-ten

Den Geliebten erkennen

Sobald die erste Verliebtheit der Wirklichkeit gewichen ist, kann es sich in vielen romantischen Beziehungen so anfühlen, als sei der Zauber des Begehrens verschwunden. Wir erkennen unseren Geliebten nicht mehr. Wie die Schöne in »Die Schöne und das Biest« erkennen wir den Prinzen in dem Biest, das er zu sein scheint, nicht wieder. Aber Benzai-ten kann uns helfen, über unsere Desillusionierung hinweg in das wahre, innere Herz der Liebe hineinzusehen.

Benzai-ten ist aber nicht nur die Göttin der Ehe, sondern auch die Göttin der Literatur, der Musik und des Reichtums. Benzai-ten, von der man annimmt, daß sie die Tochter eines Drachenkönigs sei, erklärte sich bereit, einen grausamen, Kinder verschlingenden Drachen zu ehelichen, wenn dieser ihr versprechen würde, damit aufzuhören. Durch die Heirat verlor der Drache seinen Appetit auf Kinder: Seine Liebe zu der Göttin und die Tatsache, daß sie ihn annahm, heilten sein »raubtierhaftes« Temperament.

Wie die Schöne in »Die Schöne und das Biest«, so verweist uns auch Benzai-tens Anerkennung ihres Drachen-Ehemannes auf die Fähigkeit der Frau, wahre Liebe zu erkennen und den Partner anzunehmen, selbst wenn er in unerwarteten Verkleidungen daherkommt.

Vielleicht glaubt man aus diesem Grunde, daß Benzai-ten jungen Liebenden hilft, einander zu finden. Da sie die Göttin des romantischen Glücks ist, lassen Verehrer dieser lieblichen Göttin oft Briefe an ihrem Altar zurück, um ihre Hilfe zu erbitten.

Ritual für Benzai-ten

Der scharlachrote Faden – Ein Liebesritual

Eine andere Geschichte über Benzai-ten erzählt, wie sie als Vermittlerin für ein Paar eintrat, das sich noch nie begegnet war. Als ein junger Mann einen Tempel besuchte, der Benzai-ten geweiht war, bemerkte er ein Stück Reispapier, das durch die Luft flog und direkt vor seinen Füßen landete. Auf dem dünnen Blatt stand ein Liebesgedicht geschrieben, das direkt zu seinem Herzen sprach. Die äußerst feine Kalligraphie ließ eine weibliche Hand vermuten, und der junge Mann wußte sofort, daß er die Verfasserin finden und heiraten mußte. Aber wie konnte er das schaffen? Nachdem er entschieden hatte, daß die Göttin Mitgefühl mit seiner verrückten Suche haben würde, beschloß der junge Mann, eine Woche lang jeden Abend vor ihrem Altar zu beten.

Gegen Ende des letzten Abends, als der dunkle Himmel gerade eine sanfte, azurblaue Farbe angenommen hatte, und der junge Mann gerade gehen wollte, trat ein älterer Mann ein. Er knotete das eine Ende eines scharlachroten Fadens um das Handgelenk des jungen Mannes; das andere Ende legte er als Opfergabe in das Tempelfeuer. Als der alte Mann die Flamme löschte, betrat eine junge Frau den Tempel. Mit einem Teint, so hell wie der Reismond, und mit Haaren, so schwarz wie die sternenlose Nacht war sie ebenso bezaubernd wie jenes Liebesgedicht.

»Benzai-ten hat sich durch deine Gebete anrühren lassen«, verkündete der ältere Mann dem jüngeren. »Jetzt komm und begegne deiner Braut.« Er erklärte, daß die schöne Frau die Verfasserin des Gedichts war, das den jungen Mann so berauscht hatte. Die beiden erkannten einander als wahre Gefährten und wurden mit Hilfe des Segens und der Großzügigkeit Benzai-tens vermählt.

Wie das junge Paar in dieser Geschichte, so kannst auch du Benzai-ten bitten, dir zu helfen, deinen wahren Gefährten zu erkennen – den einen, der mit dir durch einen scharlachroten Faden verbunden ist.

Der scharlachrote Faden kommt in vielen japanischen Sagen vor. Man glaubt, daß er ein Paar verbindet, das dazu bestimmt ist, zusammenzusein; dieser Faden ist so unzerreißbar wie das Schicksal selbst. Ob wir nun eine tiefgehende Beziehung haben oder eine suchen, oftmals ist es nicht leicht zu erkennen, wer sich am anderen Ende unseres scharlachroten Fadens befindet. Statt dessen sehen wir ihn an unsere Sicht der Dinge gebunden.

Nimm als Hilfe, um deinen wahren Gefährten zu erkennen, ein Stück Reispapier und deinen Lieblingsstift zur Hand. Schließ dich drei Tage vor Vollmond nachts mit Papier und Stift ein. Schreib auf dieses Blatt Papier: »Ich bitte um . . . oder auch um eine bessere Eigenschaft, die mein wahrer Gefährte haben soll.«

Bevor du die Liste deiner Wünsche erstellst, denkst du in Ruhe darüber nach, was du dir wünschst. Nimm deine Reaktionen wahr, während du jeden Wunsch aufschreibst. Wenn du irgendeinen Widerstand spürst, dann *hältst du inne*. Vielleicht ist das, von dem du glaubst, daß du es willst, nicht das Richtige für dich.

Oder vielleicht bist du nicht ganz bereit für die Liebe – das ist nichts, weswegen du dich schämen müßtest, sondern etwas, das du anerkennen solltest. Denk daran, daß du mit den Worten »um eine bessere Eigenschaft« Benzai-ten die Erlaubnis gibst, zu deinen Gunsten einzugreifen und dafür zu sorgen, daß du dem richtigen Partner begegnest. Alles, was du tun mußt, ist, empfänglich zu sein.

Wenn du schließlich deine Liste fertig hast, vergiß nicht, der Höheren Kraft zu danken, die dir helfen wird, deine wahre Liebe zu erkennen, wenn die Zeit gekommen ist. Sag niemandem, was du tust, denn dadurch wird dein Ritual geschwächt.

Lies in den nächsten drei Nächten deine Liste durch. Falte sie dann in der Vollmondnacht zu einem kleinen Viereck. Nimm einen scharlachroten Faden – denselben Faden, den Benzai-ten verwendet hat, um uns mit unserer wahren Liebe zu verbinden –, und umwickle das Viereck mehrere Male damit, so daß du dir deine Liste nicht mehr ansehen kannst. Leg sie dann an einen geheimen Ort, und versuch, sie zu vergessen. Dadurch schaffst du Raum, damit sich der Zauber vollziehen kann.

Hera

In guten wie in schlechten Zeiten

Im alten Griechenland wurde die Göttin Hera als Göttin der Ehe verehrt. Als Herrscherin über diesen heiligen Bund ist sie für seinen Schutz verantwortlich; ihr Zorn über die Mißachtung dieses Bundes ist vielleicht ebenso legendär wie ihre schwierige, stürmische Beziehung zu ihrem Mann Zeus. Er war der Göttin ebenso beständig untreu wie sie ihm treu war. Heras Zorn auf Zeus äußerte sich in Wirbelstürmen, die ebenso heftig waren wie ihre häuslichen Zänkereien.

Um sie als Braut zu gewinnen, umwarb Zeus Hera 300 Jahre lang. Aus Frustration über seinen Mißerfolg verwandelte er sich in einen Kuckuck. Hera, von dem Vogel entzückt, ließ ihn auf ihrem Schoß sitzen, wo Zeus wieder seine natürliche Form annahm und sie verführte. Der Göttin Hera sind der Granatapfel und die Lilie geweiht – zwei kraftvolle Symbole der Fruchtbarkeit und der Weiblichkeit –, ebenso Ochsen, Bäume und Berge. Sie alle waren wesentlicher Bestandteil der Rituale, die zu Ehren Heras durchgeführt wurden.

~ Ritual für Hera ~

Die Ehestifterin – Die Hochzeitszeremonie

Als Hera Zygeia bzw. Hera, die Ehestifterin, führte sie den Vorsitz bei Hochzeitszeremonien und wachte auch über die Verbindung selbst. Ihre unruhige Beziehung zu Zeus findet ihre Parallele in den Erwartungen, die wir an die Ehe haben, die *in guten wie in schlechten Zeiten* bestehen soll. Insbesondere Hochzeitsrituale sind so reich an weiblicher Symbolik, daß es leicht ist, den Einfluß des Weiblich-Göttlichen zu erkennen. Indem wir an ihnen teilnehmen, können wir gar nicht verhindern, daß wir die Göttin in uns selbst verkörpern.

Die Braut in ihrem weißen Hochzeitskleid erinnert uns an die Schönheit des Mondes. Die Flitterwochen (»Honeymoon«) beziehen sich auf den Mond- bzw. Menstruationszyklus und stehen für den Mond der Sinnlichkeit und der Liebe. Das Zerbrechen des Weinglases, ein wichtiger Teil der jüdischen Hochzeitszeremonie, steht für das Durchstoßen des Jungfernhäutchens der Braut und symbolisiert das Vergießen ihres jungfräulichen Blutes. Das Glas, das von dem gerade verheirateten Paar benutzt wird, stellt die Gebärmutter dar, in der das magische Blut und das nährende Wasser neuem Leben Form verleiht. Das Anstecken eines goldenen Ringes an den dritten Finger der linken Hand beruht auf dem mittelalterlichen Glauben, daß von diesem Finger aus eine Vene direkt zum Herzen verläuft. Es steht auch für das Eindringen des Penis in den Kreis der Vagina.

Bei heidnischen Hochzeitszeremonien werden die Hände der Partner mit einer verknoteten Schnur zusammengebunden. Der Knoten steht sowohl für die Ewigkeit und die Vereinigung als auch für das Netz des Lebens, das uns alle miteinander verbindet. Bei deinem eigenen Hochzeitsritual kannst du eine goldene Schnur verwenden, die euch beide symbolisch miteinander verbindet.

Anstatt die Gäste hintereinander in Reihen sitzen zu lassen, können eure Freunde und Familienmitglieder auch in einem Kreis um euch herumsitzen, wenn ihr euer Gelöbnis ablegt. Heidnische Riten werden oft in einem heiligen Kreis durchgeführt, der von einem Priester oder einer Priesterin geschaffen wurde. Der Kreis steht hier für die Kontinuität des Lebens, das weder Anfang noch Ende hat.

Bei Heras Hochzeit mit Zeus wurde in Böotien ein Ritual mit Symbolen des Gottes und der Göttin durchgeführt. Ein Stück Holz wurde in einem Ochsenkarren zu einer Hütte gebracht und angezündet; da Ochsen und Bäume Hera geweiht waren und Zeus über Feuer und Blitz herrschte, ist die Verbindung eindeutig. In vielfacher Weise ist dieses Ritual von den traditionellen Erwartungen an eine Ehe durchdrungen: Die männliche Energie, die durch das Feuer symbolisiert wird, verschlingt das passive Weibliche – genauso, wie Ehen ursprünglich um politischer oder materieller Bündnisse willen geschlossen wurden, wobei die Frauen kaum mehr waren als Besitz oder Sklaven. Glücklicherweise hat sich die Hochzeitszeremonie im Laufe der Zeit verändert und spiegelt heute eine gleichwertigere Beziehung zwischen Mann und Frau wider. Sie ist vielleicht eines der bedeutendsten Rituale, denn sie führt uns Frauen von einer Lebensphase in die nächste – die magische, alchemistische Transformation des »Ich« in ein »Wir«.

∽ Weitere Göttinnen ∽

Arundhati ∽ In Indien wird diese Göttin, deren Name »Treue« bedeutet, bei Hochzeitszeremonien angerufen. Arundhati ist Dharmas Frau und wird oft auf einem Lotosblatt sitzend dargestellt.

Mama Quilla ∽ Mama Quilla war bei den Inkas nicht nur die Göttin der Ehe, sondern darüber hinaus auch eine Mondgöttin.

Drei

Mutterschaft

*Denn der Mutterschoß hat Träume.
Er ist nicht so einfach wie die gute Erde.*

~ Anais Nin

Mutter Mond, Mutter Erde, Mutter Zeit, Mutter Natur, die große Mutter von uns allen...

Mit diesen und anderen Namen wurde das Weiblich-Göttliche angerufen. Es erscheint daher wenig überraschend, daß so viele der nährenden, liebevollen Eigenschaften, die der Göttin zugeschrieben werden, dieselben sind, die von Müttern auf der ganzen Welt gefordert werden.

Und so wie es verschiedene Erfahrungen von Mutterschaft gibt, gibt es auch verschiedene Göttinnen. Jede Göttin in diesem Kapitel hält Geschichten und Rituale für uns bereit, die von dem schwindelerregenden Wunder des neuen Lebens bis hin zu den Schwierigkeiten reichen, die entstehen, wenn ein herangewachsenes Kind sein Heim verläßt.

Yemana, die kubanische Santeria-Göttin der Karibik, wird von hoffnungsvollen Müttern angerufen, die sich von ihr Hilfe bei der Empfängnis versprechen. Werdende Mütter im alten Rom vertrauten darauf, daß Juno, die große Muttergöttin, bei der Geburt über sie wachen würde, während die ägyptische Göttin

Mutterschaft

Renenet half, das neugeborene Kind zu schützen, indem sie seinen Namen segnete. Die Göttinnen der australischen Ureinwohner, die als Wawalag bekannt sind, verkörpern mütterliche Stärke. Schließlich zeigt die wehklagende Demeter die gemeinsame Erfahrung aller Frauen auf, die trauern, wenn ein Kind das Nest verläßt.

Die meisten Mütter würden zustimmen, daß die Geduld und das Geschick einer Göttin erforderlich sind, um ein Kind mit Erfolg großzuziehen; viele würden darüber hinaus zustimmen, daß die Mutterschaft die vielleicht dankbarste der zahlreichen Rollen ist, die wir in unserem Leben ausfüllen. Ob wir uns nun dazu entschließen, ein eigenes Kind zu gebären, ob wir eines adoptieren oder ob wir jemandem bei der Kindererziehung helfen, in nichts sind wir einer Göttin ähnlicher als in unserer Funktion als Mutter, und keine Rolle ist so allumfassend.

Yemana

Das Wasser des Lebens

Die Flüssigkeit, die in der Gebärmutter einer Frau neues Leben nährt, ist ein Mikrokosmos und Symbol des fruchtbaren, lebensspendenden Ozeans, der von Yemana, der heiligen Meereskönigin, regiert wird. Diese anmutige kubanische Santeria-Göttin ist für Fruchtbarkeit und Mutterschaft zuständig. Der Mond, das Meer und die Frauen – den ewigen Zyklen des Lebens unterworfen – fallen ausnahmslos unter ihren Herrschaftsbereich. Um der Göttin wohlgefällig zu sein, tragen viele Verehrerinnen Yemanas Perlenketten, die so zart sind wie das schillernde Mondlicht auf dem tiefen, tiefen Blau von Mutter Ozean.

Die Muscheln und Kreaturen in den Tiefen des Ozeans werden ebenfalls von Yemana regiert. Seit undenklichen Zeiten sind Muschelschalen mit mystischen Kräften in Verbindung gebracht worden. Sie wurden bei Hochzeits- und Todesriten sowie bei Ritualen aus dem Bereich der Landwirtschaft verwendet. Ihre anmutigen Rundungen und ihr geheimnisvolles Inneres sind wie die Frauen selbst.

Sie symbolisieren unsere sexuellen, erneuernden Kräfte ebenso wie die lebensspendenden Kräfte des Ozeans und diejenigen des Mondes.

Wie die Jungfrau Maria, so wird auch Yemana häufig von Frauen angerufen, die sich ein Kind wünschen und Schwierigkeiten mit der Empfängnis haben. Denn wenn ein Kind aus dem Wasser geboren und wie eine schöne Perle aus einer Austernschale geborgen wird, wer könnte da noch die Macht der heiligen Meereskönigin leugnen?

Ritual für Yemana

Ein Kind empfangen – Ein Fruchtbarkeitszauber

Die Santeria-Religion wurde von den versklavten Yoruba entwickelt, die aus ihrem Heimatland verschleppt und nach Kuba gebracht wurden, um dort auf den Zuckerplantagen zu arbeiten. Da die Yoruba ihren heimischen Glauben nicht praktizieren durften, tarnten sie ihre Rituale mit den Symbolen des römischen Katholizismus, der ihnen aufgezwungen wurde; ein Beispiel dafür ist die Ähnlichkeit Yemanas mit der Jungfrau Maria. So blieben die Yoruba ihren *orishas*, ihren Göttern und Göttinnen, treu und verhinderten gleichzeitig, daß ihr Betrug entdeckt und bestraft wurde.

Für dieses Ritual, mit dem Yemanas Hilfe für die Empfängnis eines Kindes angerufen wird, brauchst du einen Granatapfel – eine Frucht, die ebenso mit Maria in Verbindung gebracht wird wie mit Persephone, der griechischen Göttin der Unterwelt. Darüber hinaus steht sie für die Eierstöcke der zukünftigen Mutter.

Kauf am ersten Tag deiner Menstruation einen schönen, reifen Granatapfel zu Ehren Yemanas. Schneide die Frucht in zwei Hälften und bestreich sie mit Honig.

Die Süße des Honigs symbolisiert die Süße des Lebens und der Liebe; seine Klebrigkeit symbolisiert die Fähigkeit, deinen Herzenswunsch anzuziehen und festzuhalten.

Schreib als nächstes deinen Namen auf ein Stück Papier, und leg es zwischen die beiden Granatapfelhälften. Sobald du die beiden Hälften der Frucht mit dem Papier in der Mitte wieder zusammenfügst, konzentrierst du dich und bittest die Göttin Yemana, dir dabei zu helfen, Mutter zu werden. Sag laut: »Möge ich so fruchtbar sein, wie der Granatapfel reich an Samen ist.«

Zünde zum Abschluß des Rituals zu Ehren Yemanas eine Kerze an, die so blau ist wie das Meer. Brenn jeden Tag ein Stück deiner Kerze ab bis zum ersten Tag deiner nächsten Menstruation – falls du eine haben solltest.

Dieser Zauber wurde aus dem Werk von Migene Gonzalez Wippler übernommen und geändert.

Juno

Mutter Mond

Juno, die große römische Muttergöttin, ist schon seit langer Zeit mit dem Mond in Verbindung gebracht worden. Von frühester Zeit an glaubte man, daß der leuchtende Himmelskörper das Wachstum des Getreides, das Verhalten von Mensch und Tier, Ebbe und Flut sowie die Fruchtbarkeit der Frau in magischer Weise beeinflussen würde.

Man nahm an, daß Juno, wenn sie als Juno Lucina verehrt wurde, werdende Mütter schützen und ihre Babys darin unterstützen würde, gesund heranzuwachsen. Der Beiname Lucina bezog sich auf den Glauben, daß das Mondlicht das Kind im Mutterleib wie einen Samen in der dunklen Erde wachsen ließ; der Beiname Lucina verweist auch auf das Vertrauen, das Frauen in die Göttin setzten, daß sie ihnen bei der Geburt eines Kindes hilft. Auch wenn für Juno alle Bereiche im Leben der Frau wichtig waren, so war doch deren Fähigkeit, Kinder zu empfangen und zu gebären, der wichtigste. Juno wurde von jungen Paaren angerufen, die sich nach Kindern sehnten, ebenso wie von Müttern, die sich in den Wehen befanden. Sie glaubten, daß Juno sie vor vielerlei Gefahren oder Krankheiten schützen würde. Vielleicht wird Juno auch aus diesem Grunde als Beschützerin und Königin der Mütter verehrt.

~ Ritual für Juno ~

Die Matronalia – Einen Altar für eine werdende Mutter bauen

Juno Lucina, die Königin der Mütter, wurde jedes Jahr am ersten März bei einem Fest verehrt, das heute noch unter dem Namen »Matronalia« bekannt ist. Frauen aus dem ganzen Land reisten nach Rom zu ihrem großen Tempel auf dem Forum Romanum in der Nähe des Kapitols. Dies war für die Frauen eine Zeit, um zusammenzukommen und Geschichten über ihre Erfahrungen als Hausfrauen, Mütter und Frauen miteinander zu teilen. Man glaubte, daß Juno in ihrem Göttinnenaspekt als Juno Moneta über Geld und Verwaltung herrsche. So wurden glänzende Münzen, die die Frauen von ihren Männern bekamen, am Altar der Göttin zurückgelassen, um sie zu ehren und ihre Gunst zu gewinnen.

Um Juno zu ehren und ihren Schutz für das in dir heranwachsende Kind zu erbitten, könntest du einen Altar für Juno bauen, der die Bilderwelt der Matronalia widerspiegelt. Altäre sind eine wundervolle Art, Kraftzentren zu schaffen, an denen du deine Energien sammeln kannst. Sie sind Plätze, die uns an unsere tiefsten, heiligsten Absichten erinnern.

Such einen kleinen, ruhigen Platz in deinem Heim, auf den du mehrere Gegenstände stellen kannst, die dir heilig oder etwas Besonderes für dich sind. Es kann ein Fenstersims sein, die Ecke eines Regals oder ein kleiner Tisch. Besonders gut

Juno – Mutterschaft

ist eine Stelle, die vom Mondlicht beschienen wird. Ein kleiner Spiegel, der dort steht, kann die Mondstrahlen zu dir zurückwerfen; man glaubte, daß Mondlicht, das auf eine schwangere Frau fällt, ihrem Fötus helfen wird, so schön zu werden wie der Mond. Spiegel symbolisieren ebenfalls die Kräfte des Mondes und die Fruchtbarkeit des Wassers.

Pfauenfedern, deren dekorative Augen für die alles sehenden Augen der Beschützerin der Frauen stehen, können deinen Altar ebenfalls verschönern. Auch Lilien und Kaurimuscheln symbolisieren die fruchtbaren, schützenden Kräfte Junos.

Laß schließlich auch ein paar glänzenden Münzen als Gabe für Juno Lucina auf deinem Altar zurück, so wie es einst die römischen Mütter getan haben; diese einfache Handlung verbindet dich mit deinen weiblichen Vorfahren, die sich ebenso wie du nach einem gesunden, glücklichen Kind gesehnt haben. Während du dann auf die Geburt deines Kindes wartest, suchst du deinen Altar auf, wann immer du dich aufgeregt, nervös oder ängstlich fühlst, und schau, welche Stärke du aus Juno Lucina, der Königin der Mütter, ziehen kannst.

Weitere Göttinnen

MUT ⁓ Die alten Ägypter glaubten, daß Mut, die oft als Frauenkörper mit einem Geierkopf dargestellt wird, den Müttern half, Kinder mit einem gesunden Körper zur Welt zu bringen.

SAR-AKKA ⁓ In Skandinavien half diese Göttin der Samen, sowohl die Gebärmutter während der Wehen zu öffnen, als auch den Körper des Fötus in der Gebärmutter zu erschaffen. Nach der Geburt wurde Sar-akka in einem Ritual angerufen, mit dessen Hilfe die Zukunft des kleinen Kindes vorhergesagt werden sollte. Man glaubte auch, daß diese mächtige Göttin die Welt erschaffen habe.

Renenet

Dem Baby einen Namen geben

Nach der langen Zeit der Schwangerschaft, in der das Baby im Mutterleib genährt wird, kommt die Erfahrung der Geburt. Früher riefen ägyptische Mütter in dieser kraftvollen Zeit Renenet an, die Göttin der Geburt. Sie war dafür verantwortlich, in dem Baby das Verlangen zu wecken, die Milch seiner Mutter zu saugen, was im wesentlichen dasselbe ist, wie ihm das Leben zu gewährleisten. Was jedoch vielleicht am wichtigsten ist, ist die Tatsache, daß Renenet dem Kind sein *ren*, das heißt seinen Seelennamen gab – den geheimen Namen, der es außerhalb des Mutterleibs beseelte.

Dieser Seelenname konnte dem Kind nur von seiner Mutter verliehen werden. Der magische Klang dieses Namens half nicht nur, das neugeborene Baby vor Unheil zu bewahren; in den Silben, aus denen er sich zusammensetzte, lag auch die Zukunft des Kindes verborgen. Er offenbarte auch die Grundstrukturen der Persönlichkeit des Kindes und seinen Platz in der Welt. Dieser besondere Name wurde geheimgehalten, denn wenn ein Feind ihn entdeckte, konnte er damit Macht über den Namensträger gewinnen.

Renenet wurde jedoch nicht nur als Göttin der Geburt verehrt, sondern auch als Göttin der zweifachen Kornkammer. Dieser Name bezieht sich auf die doppelt nährenden Kräfte von Milch und Korn, die beide notwendig sind, um ein gesundes Kind großzuziehen. In der antiken Kunst wurde die Göttin oft als Frau mit einem Löwen- oder Schlangenkopf dargestellt, da die Ägypter glaubten, daß diese Tiere wie Renenet selbst göttliche Kräfte besäßen.

Ritual für Renenet

Dem Baby einen Namen geben – Ein Ritual

Nachdem das Baby geboren ist, nachdem die letzte Wehe der Mutter es vorwärtstreibt, hin zum ersten Atemzug seines Lebens, setzen Staunen und Ehrfurcht ein. Wer ist dieses wunderschöne Kind, das vom Wasser der Fruchtblase so runzelig und vom Blut der Geburt so rot geworden ist?

Obwohl die meisten Mütter den Namen ihres Babys bereits vor der Geburt aussuchen, wird die letzte Entscheidung oftmals erst dann getroffen, wenn sie das Kind sehen. Der Name eines Kindes legt vor allem fest, wer es ist. Er bringt die göttliche Energie des Kindes zum Ausdruck. Renenet, die Göttin der Neugeborenen und der Seelennamen, kann frischgebackenen Müttern helfen, sich mit dem geheimnisvollen Neuankömmling zu verbinden und seinen wahren Namen kennenzulernen – der Name wird die wahre Natur des Kindes enthüllen und es bei seinem Gang durchs Leben schützen.

Selbst wenn du für dein neugeborenes Baby bereits einen Namen ausgesucht hast, kannst du noch einen weiteren wählen. Diesen besonderen Namen, der nicht für den täglichen Gebrauch bestimmt ist, solltest du vor allen anderen Menschen mit Ausnahme deines Partners geheimhalten; und wenn es alt genug ist, um ihn zu verstehen, solltest du ihn deinem Kind mitteilen. Das Auswählen dieses Namens ähnelt in vielem dem Ritual der Firmung der katholischen Kirche: Um sich mit den besonderen Stärken eines bestimmten Heiligen zu verbinden, erhalten Kinder den Namen eines Heiligen zu ihrem eigenen dazu.

Wähl für dein Ritual der Namensgebung eine Zeit, in der du mit deinem Baby allein sein kannst. Leg als Gabe an Renenet Getreidekörner auf einen Teller und gieß Milch in eine Tasse. Zünde eine Kerze an, damit du zentriert bleibst. Achte darauf, daß du die Kerze auf eine feste Unterlage stellst, die sich in sicherer Entfernung von dir und deinem Baby befindet. Bei diesem Ritual solltest du dich nicht durch irgendwelche Zwischenfälle ablenken lassen.

Versuch, deine Gedanken ruhig werden zu lassen. Geh in dich. Dein Geist sollte so ruhig sein wie ägyptischer Sand – still, glatt, unberührt vom Wind.

Setz dich mit deinem Neugeborenen hin. Schau ihm tief in die Augen. Was siehst du? Kannst du den wahren Namen des Kindes in deinem Inneren vernehmen? Was sagt er über das Kind und seine Besonderheiten aus?

Wenn du die Antwort hast, dann sprich den Seelennamen deines Babys zum ersten Mal laut aus. Weih ihn, indem du etwas Milch und ein wenig gemahlenes Getreide auf die Stirn deines Kindes reibst.

Bedank dich schließlich bei Renenet für dein schönes, gesundes Kind.

∽ Weitere Göttinnen ∽

A*jysit* ∽ Von dieser Geburtsgöttin, die von den Jakuten in Sibirien verehrt wird, glaubte man, daß sie die Schmerzen der Mütter während der Wehen lindere. Sie besuchte die Familie nur während der Geburt des Kindes. Ajysit war darüber hinaus für die Seele des Neugeborenen verantwortlich.

HAUMEA ⁓ Haumea, eine polynesische und hawaiische Fruchtbarkeitsgöttin, sollte Frauen zeigen, wie man Kinder gebiert, indem man sie zwischen den Beinen durchschiebt. Sie ist auch als Mutter Peles, der hawaiischen Feuergöttin, bekannt.

Die Wawalag

Mütterliche Stärke

Die dramatische Geschichte der Wawalag, eines von den australischen Ureinwohnern als Fruchtbarkeitsgöttinnen verehrten Schwesternpaares, verweist auf die große Liebe und Stärke von Müttern auf der ganzen Welt.

Während der Zeit der Schöpfung, der Traumzeit, als Götter und Göttinnen das Land durchwanderten, war die größte Gottheit von allen die große Regenbogenschlange namens Yurlunggur. Yurlunggur erschuf den kostbaren Regen. Sie wurde als Große Mutter und Großer Vater verehrt und lebte in ihrem heiligen Wasserloch. Die Wawalag verschmutzten jedoch aus Versehen Yurlunggurs Wasserloch mit dem Blut ihrer Gebärmutter, nachdem sie geboren hatten.

Als Reaktion darauf kam es zu wolkenbruchartigen Regenfällen, die auf die zwei Frauen und ihre Säuglinge herabstürzten. Aus dem Loch strömte Wasser und drohte sie alle wegzuschwemmen. Die Wawalag hielten ihre Babys eng umschlungen und bedeckten sie mit ihrem Körper. Sie sangen und sangen, um den

Zorn der Regenbogenschlange zu besänftigen. In dem Moment jedoch, wo die Schwestern sich ausruhen, um Atem zu schöpfen, entstieg die große Yurlunggur dem Wasserloch und verschluckte die Göttinnen und ihre Babys bei lebendigem Leibe.

Aber nicht einmal eine kraftvolle Gottheit wie Yurlunggur konnte die mütterliche Stärke der Wawalag untergraben. Beide Schwestern und ihre Kinder wurden von der Regenbogenschlange wiedergeboren, und sie lebten noch einmal.

Ritual für die Wawalag

Mütterliche Stärke – Eine geführte Meditation

Die Verehrer Kunapipis, einer Göttin der australischen Ureinwohner, feiern die wundersame Wiedergeburt der Wawalag mit einem komplizierten Tanz-Ritual, mit dem sie ihre Geschichte von Anbeginn aufführen. Mit dieser Fruchtbarkeitszeremonie werden die Rückkehr in den Mutterleib (durch die Regenbogenschlange symbolisiert) sowie die Gebärkräfte von Frauen (durch die Göttinnen symbolisiert) gefeiert.

Es werden zwei Frauen ausgewählt, die die Rolle der Wawalag-Schwestern spielen. Beide werden mit einem ockerfarbenen, blutähnlichen Pigment bemalt. Während dieses Rituals werden Frauen auf zeremonielle Weise aus Yurlunggur wiedergeboren.

Die Verehrer Kunapipis glauben darüber hinaus, daß Frauen seit Anbeginn der Zeit jedes göttliche Geheimnis kannten und alle heiligen Gegenstände besaßen – auch das besondere Wissen, das diese Gegenstände ihren Besitzern verliehen. Später wurden diese von den Männern gestohlen, um die Macht der Frauen zu untergraben. Frauen, die sich überfordert fühlen und sich selbst in Frage stellen, wenn sie sich den Prüfungen der Mutterschaft unterziehen, finden in dieser Geschichte die Bestätigung, daß wir in unserem Inneren bereits die Weisheit besitzen, die wir benötigen.

Dieses Vertrauen kann leider durch so vieles in unserer Welt mit ihren überzogenen Anforderungen zerstört werden. Aber alles, was wir tun müssen, ist, einen Zustand zu schaffen, der es unserem Vertrauen erlaubt, wiedergeboren zu werden – wie die Wawalag aus der Regenbogenschlange.

Um die notwendigen Bedingungen zu schaffen, damit du deiner eigenen Stärke als Mutter vertrauen kannst, gönnst du dir ein paar ruhige Minuten ohne deine Kinder. So kannst du dich wieder aufladen. Schließ dazu die Augen. Wenn du so dasitzt und deinen Atem ein- und ausströmen fühlst, spür, wie du ruhiger wirst.

Versuch, vor deinem inneren Auge eine weite, rote Landschaft entstehen zu lassen. Der Himmel ist blau. Das Land um dich herum ist kahl, aber schön. Es ist von dramatischen Felsen geprägt, die einer Mondlandschaft ähneln. Fühl, während du da sitzt, eine warme Energie am Ende deiner Wirbelsäule prickeln. Wenn die Energie in deiner Wirbelsäule in Richtung Kopf hochsteigt, wird sie zu einer Schlange mit Streifen in allen Regenbogenfarben. Sie umkreist dich, aber sie bedroht oder verletzt dich nicht. Yurlunggur, die Regenbogenschlange, ist aufgetaucht.

Wenn du schließlich von Yurlunggur die Stärke, die du benötigst, empfangen hast, dann laß die Energie sich wieder dorthin zurückziehen, von wo sie gekommen ist – zurück in deine Wirbelsäule, hinunter zu ihrem Ende.

Wenn du soweit bist, öffnest du die Augen. Wie die Wawalag, so wirst auch du wiedergeboren – und bist wieder bereit, deine Mutterpflichten zu erfüllen.

~ Weitere Göttinnen ~

Rohzenitzn ~ Diese wunderschöne Rentiergöttin, die in Sibirien verehrt wird, soll für das Schicksal neugeborener Kinder verantwortlich sein.

Saule ~ Saule, eine großzügige Sonnengöttin, wurde in Litauen verehrt. Saule half nicht nur Müttern bei der Geburt ihrer Kinder, sondern sie war darüber hinaus auch die Göttin des Webens, des Spinnens und anderer häuslicher Tätigkeiten.

Demeter

Das leere Nest

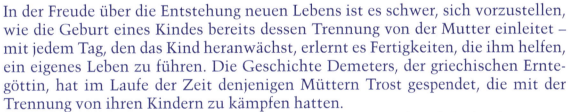

In der Freude über die Entstehung neuen Lebens ist es schwer, sich vorzustellen, wie die Geburt eines Kindes bereits dessen Trennung von der Mutter einleitet – mit jedem Tag, den das Kind heranwächst, erlernt es Fertigkeiten, die ihm helfen, ein eigenes Leben zu führen. Die Geschichte Demeters, der griechischen Erntegöttin, hat im Laufe der Zeit denjenigen Müttern Trost gespendet, die mit der Trennung von ihren Kindern zu kämpfen hatten.

    Demeters Liebe zu ihrer Tochter Persephone war so groß, daß die beiden unzertrennlich waren. Als Persephone von Pluto, dem Gott der Unterwelt, entführt wurde, damit er sie zu seiner Braut machen konnte, wanderte Demeter bis ans Ende der Welt, um ihr Kind zu suchen. Die Göttin war von Trauer und Zorn überwältigt. Die Erde sollte ihre Trauer widerspiegeln, und deshalb hielt sie alles Getreide und alle Pflanzen vom Aufblühen und Heranreifen ab.

    Zum ersten Mal kam der Winter und bedeckte alles mit Schnee und Eis. Die

Menschen begannen zu hungern, weil es keine Nahrung gab. Um Demeter zu besänftigen, erlaubte Zeus schließlich Persephone, zu ihrer Mutter zurückzukehren, da sie nichts gegessen hatte, seit sie von zu Hause weg war. Aber Persephone hatte mehrere Kerne von Granatäpfeln gegessen – ein Symbol dafür, daß sie ihr Erwachsensein und ihre sexuelle Reife angenommen hatte. Als Kompromiß durfte Persephone sechs Monate im Jahr bei ihrer Mutter auf der Erde bleiben, mußte jedoch den Rest des Jahres mit ihrem Ehemann verbringen.

Dieser Mythos erklärt nicht nur den Ursprung der Jahreszeiten, sondern gibt uns auch Hoffnung. Der Winter der Traurigkeit und der Entbehrung wird vorübergehen. Der Frühling wird wieder kommen, wenn wir Geduld haben und uns Zeit nehmen, um zu trauern.

～ Ritual für Demeter ～

Sich den Thesmophorien unterziehen – Ein Gruppenritual

Neben den Eleusinischen Mysterien (vgl. S. 35) war das größte Ritual, das man mit Demeter in Verbindung brachte, das Ritual der Thesmophorien. Die Thesmophorien, von den Böotiern als »Fest der Trauer« bezeichnet, wurden jedes Jahr im Oktober von verheirateten Frauen und Müttern gefeiert. Indem Demeters Trauer über ihre Trennung von Persephone auf der Bühne erneut dargestellt wurde, war es Frauen möglich, über dieses Trauerritual und der damit verbundenen Katharsis – der Identifizierung mit Demeter und der damit verbundenen seelischen Reinigung – schwierige Gefühle im Zusammenhang mit Ehe und Mutterschaft auszudrücken. Für viele war dieses Fest auch die einzige Möglichkeit während des ganzen Jahres, ihr Heim und ihre Verantwortung ihrer Familie gegenüber zurückzulassen und Zeit mit anderen Frauen zu verbringen.

Die Rituale der Thesmophorien dauerten drei Tage. Wie die Eleusinischen Mysterien so wurden auch diese Rituale im Geheimen durchgeführt. Die Teilnahme an den Thesmophorien vermittelte Frauen das Gefühl, daß Demeter ihren Kummer verstand, ihn annahm und sie somit Trost fanden. Jeder der drei Tage entsprach der dunklen, zunehmenden Phase des Mondes.

Am ersten Tag des Rituals, Kathodos (»Abstieg«) und Anodos (»Aufstieg«), opferten die Frauen Schweine und warfen sie zusammen mit selbstgemachten Figuren aus Weizen und Mehl, die Menschen und Schlangen darstellten, in ein mit Schlangen gefülltes Loch. Aus diesem Loch holten sie auch die Überreste vom Opfer des Vorjahres und vermischten sie mit Saatkörnern. Einige Gelehrte glauben, daß diese heilige Mischung von den Frauen zur Herstellung religiöser Gegenstände verwendet wurde. Am zweiten Tag der Thesmophorien, Nesteia (»Fasten«), brachten die Frauen ihre ganze Trauer zum Ausdruck. Während sie fasteten, weinten sie und drückten ihren Schmerz aus, der demjenigen so ähnlich war, den auch Demeter erlebt haben mußte. Sie teilten außerdem Granatäpfel miteinander. Der Name des letzten Tages, Kalligeneia (»hell-geboren«), deutet auf die Katharsis hin, die bei den Frauen das Erleben von Gruppengefühlen ausgelöst haben muß.

Während viele Frauen das Weggehen ihres erwachsenen Kindes von zu Hause relativ leicht nehmen, ist es für andere nicht so einfach. Für diese Frauen bietet der Ablauf der Thesmophorien eine Möglichkeit, den Schmerz der Trennung aufzuarbeiten und gleichzeitig von einer Gruppe vertrauter Frauen unterstützt zu werden. Nur allzu oft sagt man den Frauen in unserer Gesellschaft, sie sollten ihren Schmerz herunterschlucken und mit dem Leben fortfahren. Die Thesmophorien lassen uns unsere Trauer ehren und ihre Göttlichkeit anerkennen.

Um dieses Ritual selbst durchzuführen, solltest du zwei aufeinanderfolgende

Nächte und einen Tag frei haben, und zwar möglichst solche Tage, die auf den Neumond fallen. Lade deine engsten Freundinnen ein (diejenigen, die deine Gefühle annehmen können), um diese Zeit mit dir zu verbringen. Wenn du kannst, dann plane für diese Tage nichts anderes – keine Verpflichtungen, keine Telefonanrufe.

Organisier für die erste Nacht deines Rituals ein rauschendes Fest, das du mit deinen Freundinnen feierst. Reservier bei diesem Fest einen Platz für dein abwesendes Kind, und stell ihm etwas zu essen hin. Erinnere dich an dein Kind und an deine Erfahrungen mit ihm. Versuch, deinem Schmerz über den Weggang deines Kindes noch nicht nachzugeben – diese Aufgabe ist der zweiten Nacht deiner Zusammenkunft vorbehalten. Versuch, nach dem gemeinsamen Abendessen möglichst bis zur zweiten Nacht zu fasten.

In der zweiten Nacht solltest du dich dann um deine allerschwierigsten Gefühle kümmern. Laß die Tränen fließen. Erlaub deinen Freundinnen, dich zu trösten. Fühl deren Fürsorge, Liebe und Unterstützung, wenn du deine Trauer und Verwirrung über das, was mit dir passiert ist, zeigst. Wenn du nicht loslassen kannst, dann nimm das so an. Sprich darüber. Wenn du fühlst, wie der Sturm deiner Gefühle abflaut, dann brichst du dein Fasten mit Granatapfelsaft.

Der letzte Tag markiert den Beginn deines neuen Lebens als Mutter – der Mutter eines erwachsenen Kindes. Geh aus dem Haus, und schau dir die Bäume und die Landschaft um dich herum an, während du dort mit deinen Freundinnen spazierengehst. Du, deine Freundinnen und dein Kind sind allesamt Teile des komplexen Gefüges, das wir als »Welt« bezeichnen. Wenn du dich dazu bereit fühlst, dann besprich deine Pläne für dein neues Leben mit deinen Freundinnen: Was willst du jetzt tun, wo du nicht mehr so viel Verantwortung trägst? Wie wird deine neue Beziehung zu deinem erwachsenen Kind aussehen? Wie wird sie sich verändern?

Denk daran, daß du – wie Demeter – den Winter deiner Trauer überlebt hast;

selbst wenn du die Knospen des Frühlings noch nicht sehen kannst, so werden sie dennoch kommen und neues Leben bringen.

～ Weitere Göttinnen ～

ABEONA ～ Abeona wurde ursprünglich als römische Göttin des Abschieds verehrt. Sie beschützt die Kinder, die ihr Heim verlassen, um in die Welt hinauszutreten.

Vier

Kreativität

*Verleiherin von Intelligenz und Erfolg,
Oh Göttin, Verleiherin weltlicher Freude und Befreiung ...*
~ Mahalakshmi Stotram

Seit undenklichen Zeiten haben Frauen immer eine besondere Verbindung zum schöpferischen Geist gehabt. Diese Verbindung ist das unmißverständliche Ja zu einer Welt, die so oft sagt: »Nein, das kannst du nicht.« Denn es ist die Kunst, die unseren Geist erhebt und uns an die großartige Verbindung zwischen uns und dem Universum, das uns erschaffen hat, erinnert. Durch den Mut zu unserer Kunstfertigkeit können wir andere dazu bewegen, unsere normale Menschlichkeit ebenso anzuerkennen wie unsere Göttlichkeit.

    Die hier vorgestellten Göttinnen stellen zahlreiche Facetten weiblicher Kreativität dar. Athene, die griechische Göttin der Weisheit, wird viel häufiger mit ihrem kriegerischen Geist in Verbindung gebracht als mit ihrer ursprünglichen Rolle als Schutzpatronin der Handwerker. Die schöne Sarasvati, die Hindugöttin der Musik, der Gelehrsamkeit und der Kunst, zeigt die Raffinessen der Zivilisation. Die keltische Göttin Brigit wurde von Dichtern, die sich von ihr Inspiration erhofften, angerufen. Und Vesta, die römische Göttin des heimischen Herdes, verweist auf die Bedeutung und den Wert des Heims.

Kreativität

Ob wir nun unsere Kreativität durch das Medium der Farbe, der Worte, der Musik oder des Heims zeigen, alle kreativen Akte sind letzten Endes Ausdruck von Hoffnung und Schönheit – sowie auch des Weiblich-Göttlichen.

Athene

Die weise Kunsthandwerkerin

Was wäre unser Leben ohne die Gaben des Webens, der Architektur und der Töpferkunst? Die große Göttin Athene ist die Schöpferin all dieser Künste und noch vieler anderer, die unserem Leben außerordentlichen Reichtum verleihen. Sie wird als Mutter der Weisheit und als Mutter der Kunst verehrt, und in ihrem Aspekt als Athene Ergane (oder Athene die »Werkskundige«) wurde sie als Schutzpatronin des Spinnens und des Webens angerufen – es handelt sich um kraftvolle Kunsthandwerke, die mit der heiligen Arbeit von Frauen als Weberinnen des Schicksals in Verbindung gebracht wurden. Die ungewöhnlichen Umstände von Athenes Geburt waren Anlaß, ihre große Weisheit vorherzusagen. Im Gegensatz zu anderen Göttinnen wurde sie vollständig ausgewachsen aus dem Haupt des Zeus geboren. Statt zu heiraten, beschloß sie, sich der Weisheit und der Kunst zu widmen und die romantischen Intrigen zu vermeiden, denen die übrigen Götter und Göttinnen anheimgefallen waren.

Athene – Kreativität

Obwohl Athene als Göttin des Friedens und der Kunst die Weiseste von allen war, kennen viele nur ihre Fähigkeit, Kriege für die Schutzlosen zu führen, als Verfechterin der kreativen Künste ist sie weniger bekannt. Sie wurde zunächst dafür in der antiken Welt der griechischen Inseln als Göttin geschätzt.

Ritual für Athene

Die Kreativität feiern – Ein Kunstritual

Heutzutage verbinden viele Frauen Athenes weise Kreativität eher mit dem Weiterkommen im Beruf als mit künstlerischem Streben. Auch wenn Karrieren häufig Raum für das Kreative lassen, so ist es dennoch wichtig, unsere Kreativität und Kunstfertigkeit auch außerhalb unseres Arbeitsplatzes auszudrücken. Die Geschichte Athenes, der Göttin der Weisheit und Stärke, der Schöpferin des Kunsthandwerks, gibt uns glücklicherweise den Mut, unsere Kreativität auszudrücken und verborgenen Talenten ohne Angst vor Kritik nachzugehen – egal, ob diese kritische Stimme von uns selbst kommt oder von anderen.

Im Griechenland der Antike haben sich die Frauen und Mädchen von Athen jedes Jahr versammelt, um gemeinsam ein neues *peplos* – ein wollenes Gewand für die Statue Athenes, die sich im Parthenon, dem »Jungfrauenhaus« befand – zu weben, zu nähen und zu sticken, um sowohl ihre eigene Kreativität zu feiern als auch um diejenige Athenes zu ehren. Dieses Peplos enthielt Szenen aus dem Mythos der Athene und war in prächtigen Farben gewoben. Begonnen hatte man damit neun Monate vorher, bei der *chalkeia*, einer Feier, die Athene Ergane und Hephaistos, dem Gott der Metallverarbeitung und der Schmiedekunst, gewidmet war.

Wenn du dich nicht getraust, deine Kreativität auszudrücken, dann kann dir dieses Ritual zu Ehren Athenes helfen, jene dynamische Seite in dir zu öffnen. Wie jene Frauen, die sich Athene Ergane, der Göttin des Kunsthandwerks, hingegeben hatten, könntest auch du dich von Athene dazu bewegen lassen, dir ein göttlich inspiriertes Gewand zu machen.

Es macht nichts, wenn du nicht nähen kannst. Kauf dir dann einfach ein fertig genähtes Umhängetuch oder einen Schal. Oder verwende ein Stück Stoff oder was immer du sonst zur Verfügung hast; wichtig ist, daß du dich darin wie eine Göttin fühlst. Dekorier es mit Perlen, Ziermünzen, weiteren Stoffstücken oder anderen Dingen, und befestige sie mit einem Kleber, der für Stoff geeignet ist. Du kannst auch Stoffmalfarbe oder Färbemittel verwenden.

Was würdest du gerne auf deinem Gewand sehen? Du könntest z. B. Bilder darauf anbringen, die Athene geweiht sind, wie etwa Eulen (die für ihre göttliche Weisheit stehen), Schlangen (die die weibliche göttliche Energie symbolisieren) und den Ölbaum, Athenes besondere Gabe an die Stadt Athen. Oder du könntest Bilder malen, die dich persönlich anregen.

Mach dir keine Gedanken darüber, ob du das, was du herstellst, in der Öffentlichkeit tragen willst. Du brauchst niemandem zu zeigen, was du herstellst; denn allein schon der Gedanke an ein erfolgreiches Ergebnis ist ein sicherer Weg, um den Fluß der Inspiration ins Stocken zu bringen. Mit diesem Ritual für Athene kannst du herausfinden, wie es sich anfühlt, ohne jeglichen Druck kreativ zu sein.

Wenn du fertig bist, legst du dein Peplos beiseite. Du solltest es nur dann tragen, wenn du Athenes kreative Energie brauchst, um deine eigene anzufachen.

Athene ᴄᴏ Kreativität

⁓ Weitere Göttinnen ⁓

Ix Chebel Yax ᴄᴏ Ix Chebel Yax wurde von den Mayas als Erzieherin verehrt. Sie lehrte die Frauen die Kunst des Webens, der Korbherstellung und andere Kunstformen. Sie galt als Tochter des Mondes.

Zhinu ᴄᴏ Wie Athene, so ist auch diese chinesische Göttin die Schutzpatronin des Webens. Zhinu ist für die Herstellung der großartigen Gewänder verantwortlich, die von dem himmlischen Kaiser und seiner Familie getragen wurden. Sie wird auch mit den Sternen in Verbindung gebracht.

Sarasvati

Das Wort und sein Lied

In Indien wird die Göttin Sarasvati aufgrund ihrer Weisheit und ihrer zahlreichen Talente verehrt. Ihre Anmut spiegelt sich in ihrem Namen wider, der mit »die Fließende« übersetzt wird. Er bezieht sich auch auf Sarasvatis zweite Eigenschaft als Wassergöttin, die über einen Fluß herrscht, der ihren Namen trägt.

Als Personifizierung allen Wissens und der Bildung wird Sarasvati das Verdienst zugeschrieben, das Sanskrit-Alphabet und die Mathematik geschaffen zu haben. Alle Künste und Raffinessen der Zivilisation gehören zu ihrem weitreichenden Herrschaftsgebiet. Diese weise Göttin der Musik, der Sprache und der Gelehrsamkeit wird in vielen Bereichen des hinduistischen Lebens aktiv verehrt. Universitätsstudenten führen ihr zu Ehren Zeremonien durch, bevor sie ihr Examen ablegen. Filmregisseure bitten sie um Hilfe, bevor sie mit der Produktion eines neuen Films beginnen. Musiker preisen sie mit ihrem Gesang; die Musik der *Vina*, der indischen Laute, ist besonders Sarasvati gewidmet.

SARASVATI ～ KREATIVITÄT

Man sagt, daß Sarasvatis reine weiße Gestalt und ihre Kleider so strahlend seien wie das Licht des Wissens. Sie könne jegliche Form von Ignoranz bannen und jedem Bildung vermitteln, der weise genug ist, ihre erhellende Gegenwart herbeizuwünschen.

～ RITUAL FÜR SARASVATI ～

Weisheit anrufen – Ein Altar

Die schöne Sarasvati, so blendend weiß wie die Schwäne, die ihren Thron aus Lotosblüten umkreisen, wird von Gelehrten angerufen, die es nach ihrer göttlichen Weisheit verlangt. In Indien ist sie bis auf den heutigen Tag eine vielgeliebte Göttin.

Erschaff eine Gabe an die Fließende, um ihre Gunst zu erlangen und ihre Weisheit in dir selbst anzurufen. Stell einen Altar her, indem du vier strahlend weiße Kerzen auf eine flache Oberfläche stellst, für jede Himmelsrichtung eine. Diese Kerzen verweisen auf die alles durchdringende Macht der Göttin über die Welt ebenso wie ihre vier Arme, die verschiedene Zweige des Wissens symbolisieren.

Verbeug dich in jede Richtung, wenn du die Kerzen anzündest. Das folgende traditionelle Gebet kann gesprochen werden, um Sarasvatis hervorragende Intelligenz in dein Heim einzuladen:

*O Göttin Sarasvati, weiß wie Schnee oder der Mond oder die Kunda-Blumen,
in weiße Gewänder gehüllt, hältst du eine wunderbare Vina in der Hand,
du, die du auf einem weißen Lotos in ewigem Ruhme sitzt . . .
schütze uns vor jeglicher Form von Nichtwissen.*

Wenn du auf die brennenden Kerzen schaust, denk darüber nach, wie das Licht der Bildung unserer Welt so vieles schenkt. Überleg dir, wofür du Sarasvatis Hilfe brauchst: An welchen Projekten arbeitest du, für die du ihren göttlichen Funken des Verstehens und Wissens gebrauchen könntest?

Wenn du soweit bist, dann bring Sarasvati eine Blume dar, die so vollkommen ist wie ihr Göttinnen-Selbst und leg sie auf deinen Altar.

Brigit

Das Feuer der Inspiration

Das brennende Feuer der Inspiration ist etwas, nach dem sich alle Schriftsteller und Dichter sehnen. Die Kelten flehten vor langer Zeit ihre Göttin Brigit an, ihnen diese göttliche Gabe zu schenken, die bloßen Worten Flügel verleiht, so daß sie zu Kunst werden. Auf den schottischen Inseln wurde Brigit häufig als wunderschöner, weißer Schwan gesehen, der so flüchtig ist wie die Inspiration selbst.

Man glaubte, daß die weise Brigit eine dreigestaltige Göttin sei und daß jeder Aspekt ihrer Göttlichkeit eine besondere Aufgabe habe. Als Göttin der Dichtkunst baten die Dichter sie, sich ihrer Fantasie zu bemächtigen, damit sie Gedichte hervorbringen konnten, die andere Menschen zu Tränen rühren oder zum Lachen bringen würden. Zum zweiten lehrte Brigit als Göttin der Schmiedekunst die Menschen das wichtige Handwerk des Eisenschmiedens. So konnten sie Werkzeuge herstellen, die ihnen bei der Arbeit halfen. Einige Menschen glauben, daß ihr Name, vielleicht um diesen Aspekt widerzuspiegeln, »der feurige Pfeil«

bedeutet. Schließlich gab Brigit als Göttin der Heilung auch noch ihr gelehrsames Wissen über die Pflanzen weiter, um Kranke zu heilen und ihren Schmerz zu lindern.

Die Göttin Brigit stellte sich als so beliebt und mächtig heraus, daß sie heute immer noch als heilige Brigitta verehrt wird. Da die katholische Kirche sich ihrer nicht entledigen konnte, machte sie aus ihren wundertätigen Kräften Wunder, die der Heiligsprechung würdig waren.

Ritual für Brigit

Die Muse anrufen – Ein Imbolg-Ritual

Brigits heiliger Festtag, das Fest Imbolg, wird am ersten Februar gefeiert. Es handelt sich dabei um eine Feier, bei der die Rückkehr des Lichts nach dem dunklen Winter willkommen geheißen wird. Sie kennzeichnet auch den Beginn der Lammzeit sowie das neue Leben und das neue Jahr, das mit dem Frühlingsanfang anbricht. Für diesen Festtag erhielten Barden und Dichter besondere Glocken, die sie an ihre Spazierstöcke banden; vielleicht dienten diese Glocken dazu, denjenigen Anerkennung zukommen zu lassen, denen die Göttin geniale Schöpferkraft verliehen hatte.

Zu Imbolg wurden viele Rituale durchgeführt, um die Gunst Brigits für das heranbrechende Jahr zu gewinnen. In Schottland wurde in der Nacht vor Imbolg ein Bündel Hafer festlich geschmückt und in einen Korb neben einen dicken Holzstock gelegt. Dieser Korb, »Brigits Bett« genannt, wurde in die Feuerstelle gelegt und von den Frauen des Haushalts verbrannt. Wenn am nächsten Morgen ein Abdruck des Holzstocks in der Feuerstelle zu finden war, glaubte man, Brigit habe

BRIGIT ~ KREATIVITÄT

sich entschieden, jenem Heim Glück zu bringen. Die Menschen versuchten auch, Vorhersagen zu machen, indem sie die Asche auf ihrer Feuerstelle ausbreiteten und später schauten, ob die Göttin ihren Fußabdruck hinterlassen hatte.

Um die inspirierende Weisheit Brigits, der Göttin der Dichter, zu empfangen, kannst du am Abend vor dem Imbolg-Fest draußen ein weißes Wolltuch aufhängen. Wenn du das Tuch am nächsten Morgen wieder hereinholst, wird es bis dahin die Energie der Göttin in sich aufgenommen haben. Leg es an einen besonderen Ort, und wenn du dich träge fühlst und der Inspiration bedarfst, holst du es hervor.

Wenn du dieses geweihte Tuch verwenden möchtest, solltest du vor dem Zubettgehen mehrere goldene Kerzen anzünden, um Brigits heiliges Feuerelement in dein Heim einzuladen. Bei Kerzenschein überlegst du dann, wofür du Inspiration benötigst. Schreib es auf. Bleib noch eine Minute sitzen, und laß deinen Geist leer werden. Wenn du dich entspannt genug fühlst, löschst du die Kerzen und bereitest dich auf den Schlaf vor.

Leg das Stück Papier mit deinen schriftlich festgehaltenen Bitten und einen Stift neben dein Bett; falte das weiße Tuch zusammen, und leg es unter dein Kopfkissen. Während du schläfst, wird dir die magische Energie Brigits die Antwort geben. Sei einfach nur bereit, sie aufzuschreiben, wenn du aufwachst.

~ Weitere Göttinnen ~

Die Musen ~ Diese neun Göttinnen, die von Dichtern, Künstlern und allen anderen, die der Inspiration bedurften, angerufen wurden, standen in der klassischen Welt den Künsten vor. Als solche kümmerte sich jede Muse um einen anderen Bereich, wie z. B. die Dicht- oder Gesangskunst, das Drama oder die Heilung. Man verehrte sie mit Trankopfern aus Milch, Honig oder Wein, die auf die Erde gegossen wurden.

SOPHIA ∞ Im Nahen Osten verlieh die weise Sophia in früherer Zeit den Menschen das Wissen, das sie benötigten, um die Literatur und die Künste zu erschaffen. In späteren Jahren wurden sie mit dem Heiligen Geist der Gnostik in Verbindung gebracht.

Lakshmi

WELTLICHER REICHTUM

Die himmlische Lakshmi, die Hindu-Göttin des Reichtums, verheißt allen Menschen Reichtum und Schönheit. Als göttliche Manifestation aller Formen von Reichtum ist sie vielleicht die beliebteste aller Götter und Göttinnen Indiens. Vielleicht um diesen Glauben zu unterstützen, wird Lakshmi häufig auf Münzen abgebildet, die so hell sind wie der Reichtum, den sie verheißt.

    In der indischen Mythologie heißt es, daß Lakshmi aus einem großen Milchozean geboren worden sei. Als sie sich aus seinen Tiefen auf ihren Thron aus Lotosblüten erhob, wurde sie von Elefanten gebadet, die sie mit Wasser aus goldenen Gefäßen übergossen. Der Ozean bekleidete die Göttin mit einem Kranz aus unvergänglichen Lotosblumen; Edelsteine, die so hell leuchteten wie Sterne, wanden sich um ihre prallen, anmutigen Arme und ihren Hals. Die neue Göttin war so wunderschön, daß jeder, der sie anschaute, ein sofortiges Glücksgefühl empfand.

Lakshmi heiratete Vishnu, den Eroberer der Dunkelheit; sie bekamen einen Sohn namens Kama, der als Gott der romantischen Liebe angesehen wurde. Diese drei stehen für die goldene Verheißung von Reichtum, den uns die Welt bieten kann, wenn sie sich entscheiden, unser Heim mit ihrem Segen der Fülle zu beehren.

Ritual für Lakshmi

Reichtum schaffen – Ein Divali-Ritual

Reichtum schaffen kann ein ebenso kreativer Akt sein wie jedes andere künstlerische Bemühen auch. Lakshmi, die Göttin des Wohlstands und des Glücks, zeigt uns, wie Reichtum göttlicher Inspiration entspringen kann.

Um Lakshmis reichtumsfördernde Kräfte zu ehren, wird jedes Jahr im November in der Nacht des Neumondes das Divali-Fest gefeiert. Die Häuser im gesamten Land werden gereinigt und mit neuem Glanz versehen. Winzige Tonlaternen, in denen Lichter erstrahlen, säumen Dächer, Korridore und Fenstersimse. All das wird getan, um das beobachtende Auge Lakshmis anzuziehen. – Da Lakshmi strahlende, glitzernde Dinge liebt, glaubt man, daß es um so wahrscheinlicher ist, daß sie das Haus mit ihren Segnungen besuchen wird, je mehr es funkelt.

Wenn du Lakshmi in dein Heim einladen möchtest, kaufst du eine grüne Kerze; Grün steht für Fruchtbarkeit und Reichtum. Schreib deinen Namen darauf und stell sie an einen sicheren Ort. Nimm ein blumiges Parfum, und umhülle die Kerze leicht mit einer kleinen Menge davon – man glaubt, daß die Göttin Parfum mag –, aber zünde deine Kerze erst an, wenn die Essenz vollständig getrocknet ist.

Bau um deine Kerze herum einen Altar aus hellen, glitzernden Gegenständen

Lakshmi ~ Kreativität

auf, um Lakshmi zu bezaubern. Glasperlen, goldene Münzen, ja sogar Kupferpfennige werden ihr gefallen und ihren Blick anziehen. Reinige und gestalte dein Heim so, daß es ihres Besuches würdig ist.

Warte bis zum Neumond, um deine Kerze für Lakshmi anzuzünden. Während sie abbrennt, versuchst du, dir kein Bild davon zu machen, wie die Göttin dir zu Reichtum verhelfen wird. Vertrau darauf, daß er vom richtigen Ort kommen wird und in der Form, wie du ihn brauchst.

Brenne in jeder Nacht bis zum Vollmond einen kleinen Teil deiner Kerze ab. Bis zu dieser Zeit sollte deine Kerze abgebrannt sein und Lakshmi dir zugelächelt haben.

Vesta

Die Wärme des Heims

Die Wärme des heimischen Herdfeuers gilt als Symbol für den sonnenähnlichen Mittelpunkt des Heims, für die Gefühlswärme, durch die wir daran gebunden sind. Die Göttin Vesta, von den Griechen »Hestia« genannt, wurde im antiken Rom als fruchtbarer Geist jenes Ortes angerufen. Man glaubte, daß sie im Kamin eines jeden Haushalts heimisch sei und das Heim mit ihrer warmen, großzügigen Energie segne. Diese Göttin wurde als die im Herzen einer Flamme lebende, freundliche Präsenz erlebt und nicht als Wesen, das in Form eines physischen Körpers in Erscheinung tritt.

Vesta war im römischen Pantheon der Götter und Göttinnen eine zentrale Figur. Die Familien ehrten Vesta jeden Tag, indem sie ein Opfer an ihrer Feuerstätte darbrachten. Man glaubte, daß dieses Opfer dem Haushalt dauerhaften Wohlstand bringen würde. Es sollte auch helfen, die Bindung an das Heim zu stärken und die Menschen in Wärme und Zuneigung miteinander zu verbinden.

Ritual für Vesta

Die Vestalia – Ein neues Ritual für das Heim

Vesta, die Göttin des Herdfeuers, zeigt uns, wie wichtig es ist, sich ein Heim zu schaffen – einen warmen, großzügigen Platz, an den wir gehören, an dem wir angenommen werden und an dem wir Schutz vor den rauheren Elementen der Welt finden. Das kreative Talent, diesen Zufluchtsort zu gestalten, verdient Respekt und Achtung. Es handelt sich dabei um eine Kunst, die Vesta geweiht ist.

Heute ist Vesta vielleicht am ehesten durch ihre Priesterinnen, die Vestalischen Jungfrauen, bekannt. Die Bezeichnung »Jungfrau« bezog sich nicht auf irgendeine Art von Keuschheit, sondern sie bedeutete, daß sie ihr Leben nicht mit einem Mann teilten. Diese Frauen, »Vestalinnen« genannt, lebten im Rundtempel der Vesta und waren für das ewig brennende Feuer der Göttin und das heilige Gefäß zuständig. In diesem Gefäß wurden Wasser, Milch und Wein aufbewahrt, die mit Früchten und Getreide vermischt waren, was vielleicht ein Hinweis auf die nährende Fülle der Erde sein sollte. Die Flamme Vestas stand für das Wohlergehen Roms; eine Priesterin, die das heilige Feuer verlöschen ließ, konnte für ihren Fehler mit Geißelhieben bestraft werden.

Die Vestalinnen verehrten Vesta und ihre heilige Flamme jedes Jahr im Juni bei einem Fest, das »Vestalia« genannt wurde. Für dieses Fest brachten römische Frauen Opfergaben aus Backwaren zu dem Tempel, in dem sie wohnte; die Vestalinnen brachten Salzgebäck dar, das auf dem Herdfeuer des Tempels zubereitet wurde.

Wenn wir uns ein neues Heim schaffen, kann es eine Weile dauern, bis wir wirklich das Gefühl haben, daß wir dort »leben«; d.h., bis wir unser Heim mit unseren eigenen Geistern belebt haben. Um diesen Prozeß zu unterstützen, kannst du deine eigene Version der Vestalia schaffen.

KREATIVITÄT ∽ VESTA

Um das heilige Feuer der Vesta in deinem neuen Heim willkommen zu heißen, solltest du kurz nach deinem Einzug den Ofen anschalten und einen einfachen Kuchen backen. Stell den fertigen Kuchen beseite, bis du Freunde und Familienangehörige einladen kannst, damit sie dir helfen, dein neues Heim zu segnen.

Mach bei dieser Zusammenkunft den Kamin an, sofern du einen besitzt, oder zünde eine Fackel in deinem Garten an. Auch Kerzen sind ein guter Ersatz für das heilige Herdfeuer der Vesta.

Um dein Heim dem guten Willen Vestas zu weihen, reichst du deinen Kuchen herum. Laß jeden Gast ein Stück abbrechen. Wenn dann jeder sein Stück in die Flamme wirft (oder es neben deine Kerzen legt), laß ihn laut einen Wunsch für dich und diesen neuen Platz, den du dein *Heim* nennst, aussprechen.

∽ WEITERE GÖTTINNEN ∽

ANNAPURNA ∽ Viele Hindus glauben, daß die Anbetung dieser großzügigen Göttin dazu beiträgt, Nahrung für die ganze Welt zu erzeugen. Annapurna, häufig bei Erntefesten verehrt, wird als Statue und auf Gemälden dargestellt, wie sie auf einem großartigen Thron sitzt und einem kleinen Kind Nahrung anbietet.

HALTIA ∽ Die Finnen im Baltikum glaubten, daß Haltia über ihre Häuser herrsche. Diese wohlmeinende Göttin wurde als Bestandteil der eigentlichen Struktur des Heims angesehen, und man glaubte, daß sie seinen Bewohnern Glück bringe.

HUCHI-FUCHI ∽ Huchi-fuchi ist die japanische Göttin des heimischen Herds. Ihr Feuer ist für die Erzeugung von Nahrung und für das Erwärmen des Hauses verantwortlich.

Fünf

STÄRKE

Ein Dach aus Zedernzweigen, Kissen aus Kiefern,
Vorhänge aus Bambus.
Wenn sie mich nur vor dieser Welt des Leidens abschirmen könnten.
— LADY NIJO

Obwohl die Welt kein Tal der Tränen ist, gibt es dennoch Zeiten, die mehr als andere danach aussehen. So stark wir auch sein mögen, so müssen wir gerade in jenen Zeiten auf eine besondere Stärke zurückgreifen – auf die außergewöhnliche Stärke, die das Weiblich-Göttliche besitzt. Die hier vorgestellten Mythen und Rituale der Göttinnen drücken die Stärken unserer Seele wie auch unserer wunderbaren Körper aus. Sie zeigen uns, wie wir mit den dunklen Seiten des Lebens und den Schatten in unseren Herzen umgehen können.

Kuan-yin, die strahlende chinesische Göttin der Barmherzigkeit, verleiht uns Hoffnung in schwierigen Situationen, die uns zu überwältigen scheinen. Von Isis, der großen ägyptischen Fruchtbarkeitsgöttin, heißt es, daß sie gebrochene Herzen heile. Die unabhängige Artemis weist uns auf die Schönheit unserer Körper und die Schönheit unserer Freundschaften hin. Oya, die Yoruba-Göttin des Windes, und Pele, die feurige Göttin der Hawaiianer, zeigen uns die transformierenden Kräfte der Wut und der Sprache.

Kuan-yin

Mutter der Heilung

Mutter der Barmherzigkeit, Mutter des Mitgefühls und des Heilens – all diese Ehrenbezeichnungen beschreiben die beliebte chinesische Göttin Kuan-yin.

Von Kuan-yin glaubt man, daß sie die Tochter eines wohlhabenden, grausamen Mannes gewesen sei, der sie um des gesellschaftlichen Status willen verheiraten wollte. Die sanfte Kuan-yin, die hoffte, spirituelle Erleuchtung zu erlangen, entzog sich jedoch dem Willen ihres Vaters und ging in einen Tempel. Dort wurde sie schon sehr bald wegen ihrer guten Taten und ihres Mitgefühls bekannt. Doch ihr Vater war wegen ihres Vorgehens so erzürnt, daß er das Mädchen umbringen ließ. Für ihre guten Taten, die sie zu ihren Lebzeiten begangen hatte, kam Kuan-yin in den Himmel, wo sie in den Genuß des immerwährenden Glücks kommen sollte.

Doch als sie die Himmelspforte erreicht hatte, hörte sie von unten einen Schrei. Er kam von jemandem, der auf der Erde litt, von jemandem, der ihre Hilfe brauchte. Ohne auch nur einen Moment zu zögern, gab sie das Versprechen ab, die Menschen erst dann zu verlassen, wenn auch der letzte von seinem Leiden befreit sei. Für dieses Versprechen wurde Kuan-yin in eine Göttin verwandelt.

Heute wird die Göttin Kuan-yin in vielen Teilen der Welt verehrt. Man glaubt, daß sie die an Seele und Körper Erkrankten heilt und auch in Not geratenen Müttern und Kindern sowie Seefahrern hilft.

Ritual für Kuan-yin

Um Heilung bitten – Ein Ritual

In unserem Leben werden wir sehr oft von Problemen überwältigt. Sorgen erfüllen uns – und es gibt nur wenig, was wir dagegen tun können. Für diejenigen, die von Sorgen oder Krankheiten heimgesucht werden, ist die barmherzige Göttin Kuan-yin eine wundervolle Göttin, die sie anrufen können.

Chinesische Familien haben an einem ruhigen Ort in ihrem Zuhause häufig eine kleine Statue von Kuan-yin stehen. Viele dieser Statuen zeigen die Göttin in weißem Gewand auf einem Thron aus Lotosblüten sitzend mit einem kleinen Kind im Arm. Auf diesen privaten Altären werden Opfergaben wie Blumen, Obst und Räucherstäbchen dargebracht.

Viele glauben, daß die in Not Geratenen Trost erfahren, wenn sie den Namen »Kuan-yin« aussprechen, da es sich dabei um einen magischen Akt handelt. Andere pilgern zum Tempel der Göttin, der sich auf dem Miao-Feng-Shan-Berg befindet. Um Kuan-yins Aufmerksamkeit zu gewinnen, lassen sie während des Gebets Rasseln und andere Geräusche erzeugende Gegenstände ertönen.

Es ist eine wundervolle Idee, eine Pilgerreise zu Kuan-yin zu unternehmen. Dabei erfährt man, daß die Natur, die hier in Kuan-yin der All-Barmherzigen personifiziert wird, uns durch ihre großzügige, umfassende Umarmung die Heilung zukommen läßt, die wir zur Lösung unserer Probleme brauchen.

Wenn du dich das nächste Mal von Sorgen überwältigt fühlst, dann verbring etwas Zeit in der Natur. Wähl einen Ort aus, der schön und friedlich ist. Wenn du in einer Stadt lebst, ist ein ruhiger, mit Bäumen bestandener Fleck oft nur eine kurze Wegstrecke entfernt. Denk daran, eine kleine Blumen- oder Obstgabe für Kuan-yin mitzunehmen.

Wenn du dein Ziel erreicht hast, dann nimm dir etwas Zeit zum Herumgehen. Gehen bringt dir den Lauf der Zeit nahe: Die Zeit wird vorübergehen, und so werden auch deine Probleme vorübergehen, selbst wenn es dir noch so schwerfällt, das zu glauben.

Wenn du einen Ort gefunden hast, an dem du höchstwahrscheinlich nicht gestört werden wirst, dann laß dich dort nieder und befrei dich Kuan-yin gegenüber von deiner Last. Sprich laut aus, was dich quält und warum es dich quält. Als mitfühlende Göttin wird sie dich verstehen. Laß dir Zeit. Denk daran, daß schon das laute Aussprechen von Kuan-yins Namen selbst den sorgenvollsten Herzen Frieden bringt.

Wenn du fertig bist, läßt du der Göttin deine Opfergabe da – und bedank dich bei Kuan-yin für ihre Hilfe.

∞ Weitere Göttinnen ∞

Hygieia ∞ Im Kreta der Antike wurde sie als Göttin der Gesundheit verehrt und durch eine Schlange symbolisiert. Die Schlange gilt traditionellerweise als Symbol der Erneuerung, die den Zyklus von Krankheit und Gesundheit darstellt.

Glispa ∞ Die Navajoindianer aus dem Südwesten der USA huldigen dieser geheimnisvollen Göttin der Unterwelt, die ihnen die heilige Schönheit des Gesanges brachte. Glispa lehrte sie die Heilkunst und die Magie, sie verlieh ihnen die Kräfte der Schamanen.

Pajau-yan ⁓ Diese vietnamesische Göttin der Heilkunst wird mit der Mondfinsternis in Verbindung gebracht und wird häufig am ersten Tag des abnehmenden Mondes verehrt. Pajau-yan wird auch für Glück und Gesundheit angerufen.

Isis

Ein gebrochenes Herz heilen

Die begabte und prachtvolle Isis, die große ägyptische Fruchtbarkeitsgöttin, zeigt uns die Stärke der liebenden Frau und der transformativen Kräfte, die ihrem Herzenskummer innewohnen.

Als Isis im heiratsfähigen Alter war, vermählte sie sich mit ihrem Bruder Osiris. Ihre Beziehung war von solch freudiger Harmonie bestimmt, daß alle von dessen Schönheit tief berührt waren. Ihre Tage verbrachten sie damit, die Welt zu nähren: Isis' Kräfte im Zusammenspiel mit denen von Osiris brachten aus der reichen ägyptischen Erde und dem fruchtbaren Nil Nahrung im Überfluß hervor. Ihre Nächte waren von glückseliger Liebe erfüllt; weder Mond noch Sterne konnten heller erglänzen als ihre Leidenschaft.

Alle liebten Isis und Osiris, bis auf einen – Seth, der eifersüchtige Bruder. Um ihrer idyllischen Herrschaft ein Ende zu setzen, ermordete Seth Osiris und legte seinen Leichnam in einen Sarg. Bald wuchs ein großer Baum um den Sarg heran.

Isis suchte überall nach ihrem Geliebten. Als sie ihn schließlich im Baum entdeckte, nahm Seth ihr den Leichnam von Osiris weg. Auf grausame Weise zerschnitt er Osiris in 14 Teile und verstreute sie in ganz Ägypten. Doch Isis ließ sich nicht abschrecken und verwandelte sich in einen Vogel. In dieser Gestalt flog sie den Nil auf und ab und sammelte dabei die Teile von Osiris wieder ein. Als sie diese mit Wachs zusammenfügte, fehlte ihr nur noch Osiris' Phallus, den Isis aus Gold und Wachs neu formte.

Mit Hilfe ihrer magischen Kräfte rief Isis Osiris für kurze Zeit wieder ins Leben zurück. Durch Anwendung der Zauberkraft ihrer Liebe empfing sie ein Kind von ihm. Dieses Kind, der falkenköpfige Gott Horus, wuchs heran und gedieh – und rächte sich an Seth für den Mord an Osiris.

Ritual für Isis

Osiris umwandeln – Ein Trauerritual

Wie es schon in weit zurückliegenden Zeiten der Fall war, so verleiht Isis' kraftvolle Geschichte auch heute noch Frauen, die durch den Verlust ihres Geliebten an Liebeskummer leiden, Stärke und Hoffnung. Sie zeigt, wie wir aus einem Verlust Hoffnung schöpfen können – was Isis bei der mystischen Wiederauferstehung von Osiris ebenfalls tat.

Im alten Ägypten wurde der Mythos um Isis und Osiris jedes Jahr als großes Trauerritual auf der Bühne dargestellt. Diese Aufführung gehörte zu den wichtigsten Riten. Die Teilnehmer konnten den Schmerz miterleben, den die Göttin empfand, als sie ihren Ehemann und Bruder suchte und um ihn trauerte. Sie fühlten auch ihre Freude, als Osiris in Gestalt des Horus, ihres Sohnes, wiedergeboren wurde.

Isis ~ Stärke

Wenn Herzenskummer nicht vollständig zugelassen wird, dann wirkt er sich auch auf andere Lebensbereiche aus und erfüllt diese durch den Schmerz mit Dunkelheit. Das Leiden Isis', als sie Osiris am Nil suchte, zeigt die dunkle Reise, die wir antreten müssen, um uns unserem Schmerz zu stellen und ihn schließlich umzuwandeln.

Damit du deine Trauer leichter umwandeln kannst, formst du ein kleines Herz – *dein* gebrochenes Herz – aus Aluminiumfolie. Wenn du diesen Talisman herstellst, denkst du dabei an Isis und ihre Geschichte; denk aber auch an deine Geschichte. Leg die gesamte Trauer deines gebrochenen Herzens und die damit einhergehende Weisheit in dein Tun.

Füll als nächstes eine flache Schüssel mit Wasser, das so salzig ist wie Tränen. Stell in die Mitte eine kräftige, dicke Kerze. Zünd die Kerze an. Wenn ein bißchen Wachs geschmolzen ist, läßt du es auf deinen Herztalisman tropfen. Stell dir vor, daß dieses Wachs dein Herz wieder zusammenfügt, so wie es auch bei Osiris' Leichnam war. Während du dies tust, sprich folgende Worte:

Tränen zu Salzwasser, Wachs zu Metall –
Isis, stoppe meine Tränen, verwandle meinen Schmerz.
Füge mein Herz zusammen, damit es wieder lieben kann.

Lösch dann die Kerze aus.

Führ dieses Ritual mit deinem Talisman an 14 aufeinanderfolgenden Abenden durch, und füll das Salzwasser nach Bedarf wieder auf. Wenn die Zeit vorbei ist, nimmst du das mit Wachs bedeckte Herz und vergräbst es in der Nähe eines Baumes, damit Isis es finden und heilen kann, so wie sie auch Osiris fand und heilte. Und gieß das restliche Salzwasser darüber.

~ Weitere Göttinnen ~

Sekhmet ~ Diese tapfere, mächtige, löwenköpfige ägyptische Göttin wird mit der Sonne in Verbindung gebracht. Sekhmet ist auch eine Göttin der Unterwelt; als solche ist sie die Göttin der Stärke, der Rache und der Verzauberung.

Artemis

Weibliche Stärke

Artemis, die griechische Göttin der Jagd und des Mondes, offenbart die körperliche Stärke und das Selbstvertrauen der Frauen weltweit. Der Mond als Herrscher über die Nacht, die wilden Tiere und den weiblichen Körper verweist auf die enorme Weite des geheimnisvollen Reichs, über das Artemis verfügt. Insbesondere wird sie mit dem Erntemond und der Wintersonnenwende in Verbindung gebracht. Als Symbol ihrer Souveränität trug Artemis eine halbmondförmige Krone auf ihrer Stirn. Die Form dieses Kopfschmucks erinnert außerdem an die Hörner eines Tieres.

In Rom wurde Artemis als Diana verehrt. Unabhängig und wild wie sie war, entschloß sie sich, ihr Leben ohne Mann zu verbringen, und diejenigen, die ihren Wunsch nicht respektierten, mußten einen furchtbaren Tod erleiden. Statt dessen lebte Artemis frei und ungehindert in den Wäldern; ihre einzigen Gefährten waren wilde Tiere und eine treue Gruppe von Nymphen.

Eichenwälder und frische Wasserquellen waren die bevorzugten Aufenthaltsorte der Göttin; viele ihrer Tempel befinden sich deshalb an solchen Stellen. Doch der vielleicht berühmteste Tempel zu Ehren von Artemis befindet sich in Ephesos. Dort stellt eine große, vielbrüstige Statue die Göttin dar zu Ehren ihrer Fähigkeit, alle Wesen zu nähren – so wie es die Erde selbst tut.

Ritual für Artemis

Die Brauronia – Frauenfreundschaften und wilde Frauen feiern

In Artemis' Geschichte werden die Wildheit der Frauen und ihre körperliche Stärke sowie Freundschaften unter Frauen gefeiert. Mit Hilfe ihrer Rituale wurden diese Eigenschaften ebenfalls gefeiert; viele der Rituale sollten Mädchen und Frauen dazu ermutigen, zusammenzukommen und im Licht des Vollmondes wild zu tanzen.

Die Brauronia gehörten zu den wichtigeren Ritualen zu Ehren von Artemis. Um sich bei der Göttin für den Unfalltod eines Bärenjungen durch ein junges Mädchen zu entschuldigen, tanzten Mädchen aus Athen den *arkteuein*. Die Erklärung dieses Tanzes, der übersetzt »den Bären nachahmen« heißt, ist in dem Wort selbst enthalten: Indem die jungen Mädchen wie ein Bär tanzten, konnten sie ihre innere Wildheit zulassen und ihre Stärke und Sportlichkeit ausdrücken.

Um die Gunst der Göttin zu gewinnen, wurden ihre Verehrer mit einem speziell ihr gewidmeten Kult dazu ermutigt, ihre Töchter im Teenager-Alter wie Bärenjunge leben zu lassen. Diese Mädchen lebten in den Wäldern, ohne sich über ihre äußere Erscheinung oder ihre rauhen Manieren Gedanken zu machen.

Ihnen wurde die Möglichkeit gegeben, »sich noch einmal auszutoben«, bevor sie als heiratsfähige Frauen wieder in die Welt eintraten.

Um deine innere wilde Frau zu ehren, veranstaltest du mit einer Gruppe von Freundinnen in einer Vollmondnacht eine Feier zu Ehren von Artemis. Wenn es möglich ist, begebt ihr euch in einen ruhigen Wald und tanzt dort im Mondlicht. Ihr könnt euer Ritual aber auch in einem Hinterhof oder einem ruhigen Park abhalten. Spürt die Stärke und die Schönheit eurer Körper beim Tanz. Erschafft eure eigene Version des Arkteuein. Wie fühlt es sich an, wie ein Bär zu tanzen? Welches andere Tier kannst du beim Tanz noch nachahmen? Mach so viele Tiergeräusche, wie du willst. Wenn dich das zum Lachen bringt, dann lach – Lachen *sollte* zu jedem Fest gehören!

Wenn ihr mit dem Tanzen fertig seid, setzt euch alle zusammen in einen Kreis. Jede soll nun der Reihe nach sagen, was sie an der Freundschaft mit den anderen schätzt.

Oya

Die Macht der Worte

Der Wind, der Bäume entwurzelt und Ziegel von den Dächern herunterweht, ist derselbe »Wind«, den wir auch zum Sprechen benutzen. Dieser Wind, der durch unseren lebendigen Atem erzeugt wird, schafft die Worte, die wir verwenden können, um uns selbst Kraft und Kompetenz zu verleihen. Über all das herrscht in Nigeria die mächtige und geheimnisvolle Göttin der Yoruba, Oya, ebenso wie über den sich durch die Landschaft schlängelnden Niger. Als beliebte Göttin wird Oya auch heute noch aktiv verehrt.

Oya ist dafür verantwortlich, diese Winde auszusenden, um die Menschen vor der Ankunft ihres Ehemannes, des Gewittergottes Schango, zu warnen. Das Paar lebt in einem Kupferpalast im Himmel, von wo aus die Yoruba von ihnen beobachtet werden. Wer Oya und Schango mißfällt, dem wird mit Sicherheit ein Besuch in Form von Feuerbränden, heftigen Stürmen, Blitzen oder Überschwemmungen erstattet.

Oya — Stärke

Oya ist eine Göttin, der man sich mit großem Respekt nähern sollte. Da sie wegen ihrer charmanten, aber eindringlichen Sprache geschätzt wird, sehen sie viele als Patronin der weiblichen Führerschaft an. Aus diesem Grunde rufen die Yoruba-Frauen Oya an, damit sie ihnen die notwendigen Worte schickt, um schwierige Situationen zu meistern.

Ritual für Oya

Worte umwandeln – Ein Altar

Oft bringen wir gerade in den Situationen kein Wort heraus, in denen es dringend notwendig wäre. Die Worte, die uns am besten helfen würden, kommen nicht über unsere Lippen, oder wir können sie nicht sagen, weil wir Angst haben oder unsicher sind.

Oya wird häufig von Frauen angerufen, die ein solches Problem haben. Ihre Beredsamkeit kann uns dabei helfen, mit Weisheit und Vertrauen zu sprechen. Damit können wir in jeder Situation unsere Autorität bewahren.

In Nigeria werden Altäre, die oft aus zusammengepreßter Erde hergestellt sind, zu Ehren von Oya in einer Ecke des Heims aufgestellt. Ein zugedeckter Tontopf stellt das Mittelstück dar, um das herum magische Amulette oder andere Gegenstände plaziert werden: Kupfermünzen symbolisieren den Kupferpalast, in dem sie gemeinsam mit Schango lebt; ein Schwert repräsentiert Oyas Macht der eindringlichen Rede; Stränge aus roten, orangefarbenen oder braunen Glasperlen sowie Büffelhörner und Heuschreckenhülsen stellen die Göttin ebenfalls dar.

Um Oyas Begabung der klaren Sprache zu erlangen, richtest du einen Altar her, an dem du sie anrufen kannst. Verwende dabei Gegenstände, die die Macht der weiblichen Sprache symbolisieren – es können traditionelle Symbole der Göttin sein oder Dinge, die zu deinem Leben gehören. Um Oya besonders zu gefallen, solltest du ihr ihr Lieblingsgericht aus Auberginen darbieten.

Die Vorstellung, wie sich eine andere Person in einer für uns schwierigen Situation verhalten würde, kann uns dabei helfen, diese Situation in neuem Licht zu sehen. Wenn du deinen Altar zu Ehren von Oya herrichtest, denk an Zeiten, in denen du gehemmt warst oder nicht sprechen konntest. Wenn du eine Göttin gewesen wärst, was hättest du gesagt? Wie würden sich deine Worte dann von denen unterschieden haben, die du sonst gebrauchen würdest?

Leg eine Kette aus roten und braunen Perlen auf deinen Altar, um sie mit der Energie der Göttin zu segnen. In vielen Meditationslehren heißt es, daß der Bereich in der Mitte deines Halses ein kraftvolles Chakra bzw. ein Energiepunkt sei. Wenn du Oyas Perlen an dieser Stelle trägst, könnten sie dir dabei helfen, eine Blockade zu lösen, so daß du dich freier ausdrücken kannst. Denk daran, sie dir das nächste Mal, wenn du mit der Autorität einer Göttin sprechen mußt, umzulegen.

Weitere Göttinnen

Kybele ~ Diese große Erdgöttin aus dem Mittelmeerraum, von der man ursprünglich glaubte, daß sie aus Anatolien stamme, wird auf Gemälden oft dargestellt, wie sie auf dem Rücken eines Löwen reitet. Kybele wurde als Kriegsgottheit und Herrscherin über Städte verehrt. Ihre Worte und Taten waren von Stärke und Kraft geprägt.

Pele

Die Leidenschaft der Wut

Kochen, ausbrechen, überkochen, verzehren – die Sprache des Feuers ähnelt in überraschender Weise der Sprache, die wir verwenden, um Wut zu beschreiben. Wie die Lava eines Vulkans oder der Feuerbrand in trockenen Waldgebieten, so besitzt auch die Wut – wenn sie außer Kontrolle gerät – die Kraft der Zerstörung. Doch Pele, die hawaiische Feuergöttin zeigt uns, wie wir mit Wut umgehen können, um Veränderungen hervorzubringen.

Pele herrscht über alle Arten von Feuer, insbesondere über die Lava von Vulkanen. Man glaubt, daß sie im schwelenden Herzen des Kilauea lebt, einem der aktivsten Vulkane der Welt. Die kleineren Lavaformationen, die sich um den Vulkan herum befinden, werden als »Peles Tränen« bezeichnet. Der örtlichen Legende zufolge blüht denjenigen, die so dumm sind, aus ihrem Reich Lavabrocken zu stehlen, großes Unglück.

Pele, die für ihre leidenschaftlichen Liebesbeziehungen und ihr Temperament bekannt ist, erscheint ihren Verehrern oft in der Verkleidung einer verführerischen Frau, die so schön wie der Mond ist. Andere behaupten, daß sie wie ein schreckliches, häßliches, altes Weib aussehe, mit brauner Haut, die so faltig wie grobe Lavabrocken sei. Egal, auf welche Weise die Göttin sich auch zeigt – über ihr feuriges Temperament sind sich alle ebenso einig wie über ihre Fähigkeit zu zerstören und zu erschaffen.

Ritual für Pele

Wut loben – Ein Feuerritual

Die Leidenschaft der Wut hat eine solche Dringlichkeit, daß sie uns dabei helfen kann, unser Leben zum Besseren zu wenden. Peles Fähigkeit, sich entweder als altes, verrunzeltes, häßliches Weib oder als verführerische Frau zu präsentieren, bringt uns die Aufruhr näher, die durch Wut im Innern der Frauen erzeugt wird. Dadurch werden uns die Häßlichkeit und das Unbehagen aufgezeigt, die wir verspüren, wenn wir wütend sind – und damit müssen wir uns auseinandersetzen.

In unserer Gesellschaft werden Frauen häufig kritisiert, wenn sie ihre Wut ausdrücken. Dabei gilt für die beiden Geschlechter zweierlei Maß: Ein Mann, der laut wird oder seine Fassung verliert, gilt als »autoritär«; eine Frau ist jedoch »emotional« – oder Schlimmeres. Peles Geschichte liefert ein Gegenmittel zu diesen Vorstellungen. Sie besagt nicht nur, daß unsere Wut wertvoll, sondern auch göttlich ist. Sie vermittelt uns, daß unsere Wut uns etwas sagt, etwas, auf das wir wirklich hören sollten.

Zünde, um Peles feurige Leidenschaft anzurufen, ein Feuer für die Göttin an.

Benutz dies als Gelegenheit, um dich innerhalb eines sicheren Rahmens durch deine Wut hindurchzuarbeiten. Lade Freundinnen ein, die daran interessiert sind, mit dir diese Gefühle zu erforschen. Tragt bequeme Kleidung, in der ihr euch frei bewegen könnt.

Jede von euch sollte einen Gegenstand mitbringen, der in der betreffenden Person die Erinnerung an etwas weckt, das sie wütend macht – etwas, das blinde Wut in ihr auslöst. Es kann ein persönlicher oder symbolischer Gegenstand sein. Egal, was es ist, es sollte in jedem Fall etwas sein, das ihr auch Pele als Opfergabe darbieten könnt.

Um dieses Ritual durchzuführen, solltest du mit deinen Freundinnen an einem weiträumigen, offenen Ort im Freien einen Kreis bilden. Eine nach der anderen tritt dann in die Mitte, um dort ihren Gegenstand auf einen Stapel zu legen. Dabei erzählt sie der Gruppe, wie und warum er sie wütend macht.

Haltet eure Worte nicht zurück, ganz egal, wie unkontrolliert sie sich auch anfühlen mögen. Wenn ihr spürt, daß euer Körper vor Wut bebt, dann bewegt ihn. Unterdrückt auf keinen Fall eure Gefühle. Wenn ihr auf den Boden stampfen möchtet oder schreien wollt, tut es. Laßt Pele durch euch sprechen.

Wenn jede von euch zu Ende gesprochen hat, zündet ihr den Stapel an. Schaut, wie die Flammen gen Himmel aufsteigen und eure Wut mitnehmen. Während es brennt, stellt ihr euch vor, wie Peles Lava alles, was euch wütend gemacht hat, verwandelt. Beachtet, welche Antworten sie euch gibt, damit ihr eure Wut in Handlungen umsetzen könnt. Schaut zu, wie sich die Flammen in Rauch und Asche verwandeln – all das ist Pele heilig.

∞ Weitere Göttinnen ∞

Kali-ma ∞ Diese dreigestaltige hinduistische Göttin wird in ganz Indien wegen ihrer Eigenschaft als Zerstörerin verehrt. Kali-ma, die Zerstörerin, anzunehmen, bedeutet anzuerkennen, daß Leben ohne Tod nicht existieren kann: Mit der Leidenschaft der Wut zu zerstören heißt, eine Möglichkeit für neues Wachstum zu schaffen, das aus dem Alten erwächst.

Bei einigen Ideen zu diesem Ritual habe ich mich durch das Buch The Dark Goddess: Dancing with the Shadow *von Marcia Starck und Gynne Stein inspirieren lassen.*

Sechs

Transformation

Mit Schönheit über mir reise ich,
Mit meiner heiligen Kraft reise ich,
Jetzt, mit einem langen Leben,
Jetzt, mit immerwährender Schönheit lebe ich …
— Auszug, Blessingway-Lied

Auf die Zeit der Fruchtbarkeit folgt die Zeit der Weisheit.

Der Vollmond hat sich verdunkelt. Jetzt verwandeln wir uns in die allmächtige, weise ältere Frau. Die weise ältere Frau hat viel gesehen und weiß viel. Sie weiß, wie das Leben den Tod hervorbringt und der Tod das Leben. Der immerwährende Zyklus des Mondes, der auf magische Weise in unseren Körpern festgehalten ist, vermittelt uns alles, was wir wissen müssen.

Wir wissen, daß wir mutig sind. Wir sind weise. Wir sind weise ältere Frauen. Wir sind mit Königswürde gekrönt worden, mit der Weisheit unseres Alters und der Weisheit der Göttin.

Die hier beschriebenen Göttinnen sind für Bereiche zuständig, die von der Dunkelheit der Unterwelt bis hin zum lichtspendenden Zyklus der Sonne reichen. Die griechische Göttin Hekate, die mit den Wechseljahren und dem ab-

Transformation

nehmenden Mond in Verbindung gebracht wird, zeigt uns, welche magischen Kräfte diese Lebensphase zu bieten hat. Die keltische Göttin Arianrhod führt uns in die dunklen Täler des Todes und wieder hinaus. Hsi wang-mu läßt uns von der Frucht der Unendlichkeit kosten. Und die indianische Göttin Estsanatlehi, die auch »Die sich selbst Verjüngende« genannt wird, verheißt uns innerhalb des Lebenszyklus das Versprechen der Ewigkeit.

In gewisser Weise haben alle Göttinnen in der einen oder anderen Weise mit Transformation zu tun. Wie auch das Leben in ständiger Veränderung begriffen ist, so sind wir es auch – die weisen Göttinnen, die wir alle sind.

Hekate

Der dunkle Mond

Im antiken Griechenland wurde Hekate als die Dunkle verehrt, als die geheimnisvolle Mondgöttin, die Visionen und Wissen aus jenem Wasserreich mitbrachte. Im Hinblick auf den Aspekt der weisen älteren Frau, den die große dreigestaltige Göttin darstellt, symbolisiert Hekate den dunklen oder abnehmenden Mond – die Zeit, in der der Mond sein Licht zurückhält, bevor er wieder auftaucht, um am Nachthimmel zu erstrahlen. Diese geheimnisvolle Phase soll das Licht symbolisieren, das allen Frauen innewohnt – das innere Licht, das unser eigenes Leben und auch das anderer Menschen erhellen kann.

Als Göttin des dunklen Mondes wurde Hekate mit Stürmen, heulenden Hunden und Weiden in Verbindung gebracht. Sie wird durch einen goldenen Schlüssel symbolisiert, mit dessen Hilfe unsagbare große Reichtümer des Himmels und der Erde erschlossen werden können.

Viele Statuen der Hekate, die oft an Kreuzungen zu finden sind, stellen sie als

Hekate ~ Transformation

dreiköpfige, ältere Frau dar, die in drei Richtungen – Vergangenheit, Gegenwart und Zukunft – blickt. Dieses Bild vermittelt uns die Weisheit, das Wissen und die Freuden, die der mittlere Lebensabschnitt Frauen zu bieten hat: Nachdem wir so viel erlebt und gesehen haben, können wir uns nun ausruhen und die Früchte unseres Lebens mit der Welt teilen.

~ Ritual für Hekate ~

Den dunklen Mond willkommen heißen – Ein Fest für die Wechseljahre

Für viele Frauen sind die Wechseljahre eine Wiedergeburt in eine äußerst kreative Lebensphase. Jetzt, wo wir nicht länger für unsere Kinder verantwortlich sind, keine Angst mehr vor überraschenden Schwangerschaften haben, besitzen wir die Freiheit, so zu leben, wie wir es uns wünschen. Doch jede Wiedergeburt wird auch von einem Tod begleitet – unsere Fähigkeit, Kinder zu gebären, und unsere Jugend haben jetzt ihr Ende erreicht. Beide Seiten dieser Transformation müssen anerkannt werden. Der dunkle Mond und Hekate, seine Göttin, sind inspirierende Symbole für Frauen, die in die Wechseljahre eintreten.

In der Antike glaubte man, daß Frauen, deren Periode aufgehört hatte, ihre lebensspendenden Kräfte in ihrem Innern zurückhielten – so wie es auch der Mond tat. Man nahm an, daß sie mit dem Blut, das sie in ihrem Schoß zurückhielten, etwas Kraftvolles erzeugten; sie gingen mit Weisheit schwanger und nicht mehr mit neuem Leben. Diese magischen, weisen Frauen wurden in ihrer Gemeinschaft geehrt und geschätzt, da sie über Fertigkeiten und Kräfte verfügten, die junge Frauen gar nicht besitzen können. Ähnlich wie Hekate, so waren auch sie weise ältere Frauen, die mit der Weisheit ihrer Jahre gekrönt waren.

Hekates Fest wird in Griechenland alljährlich am 13. August abgehalten. Ihr Kult wird in den dunkelsten Stunden der Nacht gefeiert, häufig an Stellen, an denen sich drei Wege kreuzen. Hekate wurde auch durch Opfergaben in Form von Speisen angebetet. Diese Rituale wurden als »Hekates Abendmahl« bekannt.

Um den Beginn deiner Wechseljahre willkommen zu heißen, richtest du ein festliches Abendessen zu Ehren Hekates her. Lade in der Nacht des dunklen Mondes deine weisesten und besten älteren Freundinnen ein, damit ihr euch eure Lebensgeschichten erzählen und eure Erfahrungen mit den Wechseljahren austauschen könnt.

Versuch, mit einem Pendel Kontakt mit deiner Vergangenheit, Gegenwart und Zukunft herzustellen. Die Wahrsagekunst wird häufig im Namen der Göttin praktiziert. Hekates Diadem, eine goldene Kugel, die mit einem Saphir geschmückt war, wurde wie ein Pendel an einer Schnur hin- und hergeschwungen, um Antworten auf Fragen zu erhalten. Aus der Richtung und der Heftigkeit der Bewegung las man die Antworten ab: Ein gerades Hin- und Herschwingen konnte ein Ja bedeuten, eine Kreisbewegung ein Nein oder umgekehrt.

Schmück deinen Tisch mit Stechpalmen. Dieses winterfeste Immergrün ist ein Symbol für die verschiedenen Lebensphasen – seine weißen Blüten stehen für den Tod, die roten Beeren für die Wiedergeburt und das Leben, die hellgrünen Blätter für das Jenseits. Trink mit deinen Freundinnen aus Kelchen berauschenden Wein, der so rot wie das weise Blut ist, das ihr in euren Schößen zurückhaltet.

Wenn du deine Wechseljahre feierst, dann lade Hekate ein, an deinem Fest teilzunehmen. Biete der Göttin einen Teller mit Essen und einen Ehrenplatz an deinem Tisch an.

Hekate ~ Transformation

~ Weitere Göttinnen ~

Isamba ~ Diese Göttin aus Tansania wurde ursprünglich mit dem Mond in Verbindung gebracht. In einer Sage wird darüber berichtet, wie sie zur Schöpferin des Todes wurde.

Die Moiren ~ Im antiken Griechenland waren die Moiren die drei Schicksalsgöttinnen, die das Schicksal sponnen. In diesem Sinne waren sie für die Erzeugung, die Erhaltung und die Zerstörung des Lebens verantwortlich – wie so viele andere dreigestaltige Göttinnen überall auf der Welt.

Arianrhod

Das silberne Rad

Leben und Tod sind Erscheinungen desselben Zustands – keinen gibt es ohne den anderen. Es fällt uns schwer, diese Dualität anzunehmen, solange wir leben, atmen und lieben. Den auf- und niedergehenden Schleier, durch den Leben und Tod voneinander getrennt werden, stellten sich die Kelten als ein sich unaufhörlich drehendes silbernes Rad am Himmel vor. Die Hüterin dieses Rades ist Arianrhod, eine Todesgöttin, die auch über den Mond und das Schicksal herrschte.

Nach der Mythologie ist Arianrhod die mächtigste Tochter der Danu, der großen keltischen Muttergöttin. Wie der Mond selbst war auch Arianrhods Gesicht von blasser Farbe und besaß eine geheimnisvolle Schönheit. Ihre Aufgabe bestand darin, die Seelen der Toten in ihr Schloß, Caer Arianrhod, zu bringen, in die Aurora borealis bzw. das nördliche Polarlicht. Hier warteten die Toten darauf, daß sich Arianrhods Rad drehte und sie die Möglichkeit der Wiedergeburt und eines neuen Lebens erhielten.

Andere glauben, daß sich das Schloß der Göttin auf einer längst vergessenen Insel vor der englischen Küste befand. An diesem Ort hießen sie und ihre geisterhaften Dienerinnen die Toten nach ihrer lebenslangen Reise zu Hause willkommen.

~ Ritual für Arianrhod ~

Samhain – Den Tod ehren

Samhain, das Fest zu Ehren Arianrhods, der Todesgöttin, wird am 31. Oktober gefeiert. Dieser Feiertag ist in angelsächsischen Ländern eher unter der Bezeichnung »Halloween«, der Abend vor Allerheiligen, bekannt. An diesem Abend sind die Schleier, die Leben und Tod voneinander trennen, besonders dünn – das Drehen von Arianrhods silbernem Rad wird deutlich spürbar.

Viele glauben, daß an diesem Abend die Geister der Toten auf der Erde umherwandern, um die Lebenden zu segnen oder zu verfluchen. Um diese Geister zu besänftigen, werden einer alten Tradition zufolge Speisen und Wein dargeboten. Samhain ist auch das Tor zum Winter, zur dunklen Jahreshälfte.

Egal, wie umsichtig wir in unseren Beziehungen auch sein mögen, wenn jemand stirbt, werden wir oft mit einer Last ungelöster Gefühle zurückgelassen – Worte, die wir wünschten, gesagt zu haben; Gefühle, die wir nicht ausgedrückt haben. Durch Samhain erhalten wir die wunderbare Gelegenheit, mit den Menschen abzuschließen, die bereits gestorben sind, und mit denjenigen, zu denen wir aus den unterschiedlichsten Gründen keinen Kontakt mehr haben. Es ist ein guter Zeitpunkt, um Wunden zu heilen und über unsere eigene Sterblichkeit nachzudenken.

Bevor du beim nächsten Samhain zu einer Party oder Feier gehst, verbring etwas Zeit allein. Breite ein dunkles Tuch auf einem Tisch aus, und zünd eine schwarze Kerze an. Leg Gegenstände auf dem Tisch aus, die dich an den Tod der Göttin Arianrhod erinnern – ein kleines silbernes Rad, eine Rabenfeder, verwelkte Blumen, weiße Knochen. Stell auch eine feuerfeste Urne auf deinen Altar, und hol ein Blatt Papier und einen Stift.

Denk beim Licht deiner schwarzen Kerze an diejenigen, von denen du getrennt bist, sei es seelisch oder körperlich. Laß deinen Gefühlen und Gedanken freien Lauf: Was wünschtest du, gesagt zu haben, bevor es zu spät war? Was bleibt ungelöst? Was fehlt dir von dem, was sie für dich waren, jetzt in deinem Leben am meisten? Was hast du von ihrem Leben in deines übernehmen können?

Wenn du bereit bist, schreibst du deine Antworten auf. Laß dir Zeit. Damit dieses Ritual auch richtig wirkt, ist es vielleicht besser, bei deiner Sitzung nur über eine Person nachzudenken. Wenn du das Bedürfnis hast, kannst du dieses Ritual an einem Abend wiederholen, an dem der Mond dunkel ist.

Wenn du mit dem Schreiben fertig bist, liest du deine Antworten noch einmal durch. Leg das Blatt Papier nun in deine Urne und zünd es an. Stell dir vor, daß der Rauch deine Gedanken zu dem weitentfernten Reich trägt, in das die geliebte Person gegangen ist.

Schau zu, wie das Feuer dein Papier in Asche verwandelt und dann in Staub. Wenn es sich abgekühlt hat, bringst du die Asche nach draußen und läßt sie durch Arianrhods kalten Wind dorthin bringen, wohin sie sie bringen möchte.

～ Weitere Göttinnen ～

Mamam Brigette ～ Mamam Brigette wird bis zum heutigen Tag von den Anhängern des Voodoo verehrt. Sie ist die Göttin der Friedhöfe und eine Göttin des Todes.

Arianrhod ～ Transformation

Mebuyan ～ In Birma ist Mebuyan die Göttin des Todes und der Unterwelt. Man glaubt, daß sie Leben und Tod erschafft, indem sie den Baum des Lebens schüttelt, so, als wolle sie Früchte von einem reifen Baum ernten.

Die Anregung für einige Teile dieses Rituals lieferte das Buch Seasonal Dance: How to Celebrate the Pagan Year *von Janice Broch und Veronica MacLer.*

Die Verheissung ewigen Lebens

Der verbotene Apfel der Erkenntnis, den Eva gekostet hat, ist dieselbe Frucht, die seit undenklichen Zeiten Unsterblichkeit verleiht. In China werden statt Äpfeln jedoch Pfirsiche angeboten – köstliche, magische Pfirsiche, die ewiges Leben versprechen, Pfirsiche, die von der himmlischen Hsi wang-mu, der Göttin der Unsterblichkeit, angebaut werden.

Diese Pfirsiche, die auf chinesisch *p-an t-ao* heißen, wurden in Hsi wang-mus' verzaubertem Obstgarten angebaut, der sich in ihrem himmlischen Reich in den Kun-lun-Bergen befindet. Feurige Phönixe und schneeweiße Kraniche, Vögel, die beide mit einem langen Leben oder Gesundheit in Verbindung gebracht werden, wandern im goldenen Palast der Göttin und ihren himmlischen Gärten herum und bereichern diese mit ihrer Anmut und Schönheit.

Während der 3000 Jahre, die die Pfirsiche brauchen, um zu reifen, beschäftigt sich die Göttin mit der Hingabe einer Mutter mit dem Anbau der Pfirsiche.

Hsi wang-mu ~ Transformation

Wenn die Pfirsiche schließlich reif sind, lädt Hsi wang-mu alle Götter und Göttinnen ein, ein großes Fest zu feiern, bei dem viele Gänge aus köstlichen, exotischen Früchten serviert werden. Bei dieser Gelegenheit verzehren sie schließlich den delikaten, köstlichen *p-an t-ao*, der immerwährendes Leben verleiht.

~ Ritual für Hsi wang-mu ~
Die Ewigkeit nähren – Das Mondfest

Pfirsiche sind wie Äpfel mächtige Symbole der weiblichen Kraft und Sexualität; die sinnlichen Rundungen in dem weichen, gekräuselten Fleisch des Pfirsichs erinnern an unsere Genitalien, aus denen alles Leben entsteht. Sie symbolisieren die ewige Fruchtbarkeit des Universums.

Chinesische Magier erkannten diese Kraft und verwendeten für ihre Zauberstäbe das Holz des Pfirsichbaums. Diese Lebenskraft wurde auch während des Mondfestes geehrt, einem der drei großen, alljährlich abgehaltenen chinesischen Feiertage. Dieses Fest, bei dem auch die chinesische Mondgöttin Chung O verehrt wird, findet bei Vollmond zur Herbsttagundnachtgleiche statt. Es wird zu Ehren der Frauen und Kinder gefeiert.

Um das ewige Leben, das Hsi wang-mu verleiht, zu feiern, könntest du dein eigenes Mondfest abhalten. Lade deine Freundinnen und ihre Kinder zu dir nach Hause ein, um den Mond zu beobachten, wie er hoch über den Bäumen am Himmel aufgeht. Servier Speisen, die so rund und blaß sind wie der Mond: getrocknete Litschipflaumen, Reiskuchen oder Pfannkuchen.

Zerlegt in einer gemeinsamen Zeremonie mehrere reife Pfirsiche. Bevor du sie servierst, läßt du sie von der Göttin weihen: Leg sie ins Mondlicht und laß sie von den lebensspendenden Strahlen des Mondes mit Segnungen erfüllen. Wenn du diese Pfirsiche deinen Freundinnen anbietest, sagst du ihnen, daß sie immerwährendes Leben kosten – die Ewigkeit, die von Hsi wang-mu verliehen wird.

Weitere Göttinnen

IDUN ∞ Die nordgermanische Göttin Idun baute die Äpfel der Unsterblichkeit in ihrem westlichen Garten an. Diese Äpfel werden von den Göttern und Göttinnen verspeist, um Jugend und Schönheit zu erhalten.

Die sich selbst Verjüngende

DER ZYKLUS DES LEBENS

Die sich selbst Verjüngende oder Estsanatlehi ist vielleicht die beliebteste aller Navajogöttinnen. Als wohlwollende Gottheit der Fruchtbarkeit wird sie am häufigsten mit Mais in Verbindung gebracht, diesem lebensspendenden Getreide, das für so viele Menschen Hauptnahrungsmittel ist. Wie ihr Name bereits sagt und so wie es auch für die Zyklen auf der Erde gilt, verändert sich Die sich selbst Verjüngende im Laufe des Jahres. Im Frühjahr erscheint sie als junges Mädchen, doch gegen Ende des Jahres zeigt sie sich als weise ältere Frau. Außerdem heißt es, sie sei mit der Sonne verheiratet.

Außer den vier Himmelsrichtungen, die die Erde und ihre Energien kennzeichnen, erschuf Die sich selbst Verjüngende die Menschen. Aus weißen Muscheln bildete sie unsere Knochen und unser Gehirn; aus der tiefsten Dunkelheit, die bereits vor dem Leben auf der Erde existierte, spann sie unsere Haare, und aus rotweißem Stein stellte sie unsere Haut in den unterschiedlichen Farbtönen her.

Transformation ~ Die sich selbst Verjüngende

Die sich selbst Verjüngende lehrte dem Menschen auf großzügige Weise, wie er über die Naturkräfte herrschen kann. Ihre Lehren werden im *Blessingway* dargestellt, einer Sammlung der grundlegenden Rituale und Gesänge, die aus ihrer Feder stammen sollen. Diese Rituale ehren wichtige Veränderungen im Leben, zu denen auch freudige Ereignisse wie Hochzeiten und Mündigwerden gehören.

~ Ritual für die sich selbst Verjüngende ~

Das Kinaalda – Die Kontinuität des Lebens feiern

Wie der Zyklus des Lebens, den Die sich selbst Verjüngende darstellt, so wird auch im Kinaalda eines der wichtigsten Ereignisse im Leben einer Frau geehrt: ihre Wandlung vom Mädchen zur Frau.

Das Kinaalda ist ein Hauptbestandteil der Rituale aus dem *Blessingway*. Die Navajo feiern damit die Reife, die junge Mädchen erreicht haben, wenn sich ihre erste Menstruation einstellt. Wenn diese jungen Mädchen an dem Kinaalda teilnehmen, werden sie mit der großzügigen, lebensbejahenden Weisheit der sich selbst Verjüngenden gesegnet – und sie werden auf ihre neue Rolle als Frau in der Gemeinschaft vorbereitet.

Das Kinaalda dauert vier Tage. Das junge Mädchen, zu dessen Ehre das Fest stattfindet, trägt ein besonderes Gewand; ihre Haare werden zurückgekämmt, um die Erinnerung an die im Sand gemalten Darstellungen Der sich selbst Verjüngenden wachzurufen. Ältere Frauen des Stammes massieren den Körper des Mädchens so, als ob sie ihren Charakter und Körper formen wollten. Der Körper des Mädchens soll zu diesem Zeitpunkt so weich wie der eines Neugeborenen sein.

Die sich selbst Verjüngende ~ Transformation

Vielleicht ist der wichtigste Teil des Kinaalda der letzte Tag. An diesem Tag wird endlich der Alkaan verspeist, ein riesengroßer zeremonieller Kuchen. Zu einem früheren Zeitpunkt der Kinaalda wurde der Mais für diesen Kuchen von dem jungen Mädchen gemahlen. Der Alkaan wird in einer Erdgrube gebacken, mit zeremoniellem Maismehl bestäubt und mit Maishülsen bedeckt. Während der Kuchen über Nacht backt, kann man folgendes Lied hören:

Mit Schönheit vor mir reise ich,
Mit meiner heiligen Kraft reise ich,
Mit Schönheit hinter mir reise ich,
Mit meiner heiligen Kraft reise ich.

Um den wundervollen Transformationen der Frauen und dem Zyklus des Lebens besondere Beachtung zu schenken, lädst du deine liebsten Freundinnen ein, mit dir gemeinsam einen Kuchen zu backen.

Der Alkaan-Kuchen, der während des Kinaalda gebacken wird, steht traditionellerweise für Mutter Erde und wird der Sonne als Dank dargeboten, weil sie den Mais in seinem Wachstum unterstützt. Euer zeremonieller Kuchen könnte auch eine Opfergabe an die Sonne sein und darüber hinaus eine Anerkennung der Weisheit, die Die sich selbst Verjüngende besitzt – eine Weisheit, die wir alle in uns tragen.

Euer Kuchen muß nicht wie der Alkaan-Kuchen einen oder zwei Meter groß und in einer Erdgrube gebacken worden sein. Du kannst dafür irgendein Rezept verwenden, das die traditionellen Zutaten aus Maismehl, Eiern, Öl und Süßungsmittel enthält.

Wenn ihr den Kuchen fertig gebacken habt, dann kommt zusammen und brecht der Reihe nach ein Stück Brot ab, das ihr euch gegenseitig anbietet. Denkt daran, auch Der sich selbst Verjüngenden ein Stück übrigzulassen – der Göttin, die den

Zyklus des Lebens lehrt, die Verwandlung des Samens in Getreide und umgekehrt.

∽ Weitere Göttinnen ∽

BABA JAGA ∽ Viele von uns glauben, daß Baba Jaga eine böse Hexe sei, die Kinder verspeist, denn so wird sie häufig in russischen Märchen dargestellt. Ursprünglich stellte diese Göttin den Zyklus des Lebens von der Geburt bis zum Tod dar.

MJESJATS ∽ Ähnlich Der sich selbst Verjüngenden altert diese slawische Göttin im Laufe des Jahres, wodurch die verschiedenen Lebensphasen der Frau dargestellt werden. Mjesjats wird mit dem Mond und der Zeit in Verbindung gebracht.

Quellenangaben und Buchempfehlungen

Bücher sind von ihrem Wesen her bereits Gemeinschaftsunternehmen: Ich kann mir nicht vorstellen, wie ich *Umarme die Göttin in dir* ohne die Anregung und Unterstützung der folgenden Bücher hätte schreiben können.

Auf die umfassenden Werke von Barbara Walker, *Die geheimen Symbole der Frauen. Ein Lexikon*, Martha Ann und Dorothy Myers Imel, *Goddesses in World Mythology*, und Patricia Monaghan, *Lexikon der Göttinnen*, hätte ich nicht verzichten können. Sie waren für mich außerordentlich hilfreich, insbesondere wegen der Kurzbeschreibungen der weniger bekannten Göttinnen. Diese Bücher sollten in jeder Göttinnen-Bibliothek oder der eines Mythologieinteressierten ihren wohlverdienten Platz einnehmen. Diejenigen, die besonders an Initiations- und Menstruationsritualen interessiert sind, empfehle ich von Mircea Eliade *Das Mysterium der Wiedergeburt* und ebenso Judy Grahns außergewöhnliches Werk *Blood, Bread, and Roses: How Menstruation Created the World*; beide Werke waren für meine Arbeit besonders inspirierend. Judy Grahns Werk stellte für das Thema »Hochzeitsrituale« und die dazugehörige Symbolik eine große Unterstützung dar. Außerdem möchte ich noch *Die mythische Frau* von Carolyne Larrington, *The Long Journey Home: Re-visioning the Myth of Demeter and Persephone for Our Time* von Christine Downing und *When God Was a Woman* von Merlin Stone erwähnen – diese Bücher sind für Frauen auf der ganzen Welt von unschätzbarem Wert.

Einige der Zitate, die zu Beginn der einzelnen Abschnitte in diesem Buch aufgeführt sind, stammen aus *The New Quotable Woman: The Definitive Treasury of Notable Words by Women from Eve to the Present* von Elaine Partnow, einer erstaunlichen Sammlung von Witz und Weisheit der Frauen. Darin enthalten ist

Quellenangeben

das Enheduanna-Zitat (Seite 5), der Auszug aus dem Gedicht von Sappho (Seite 31), das Gedicht aus *The Confessions of Lady Nijo* (Seite 95) und das Zitat aus Anais Nins *Diaries* (Seite 53). Die Auszüge aus dem Lied des Blessingway-Rituals (Seiten 115 und 130) stammen aus *Coming-of-Age: Traditions and Rituals from Around the World* von Karen Liptak. Der Auszug aus Mahalakshmi Stotram, »Hymne an Lakshmi« (Seite 75) ist, soweit ich es ermitteln konnte, ein traditionelles hinduistisches Gebet wie auch das Gebet an Sarasvati (Seite 82). Das Zitat von Clarissa Pinkola Estés (Seite 8) ist der Einführung des Buches *Sacred Stories: A Celebration of the Power of Stories to Transform and Heal* von Charles und Anne Simpkinson entnommen.

Auf den nachfolgenden Seiten findest du meine persönlichen Buchempfehlungen. Ich hoffe, daß diese Bücher dich dazu anregen werden, mehr über das Weiblich-Göttliche und seinen nährenden, heilenden Einfluß zu lesen.

Buchempfehlungen

Ann, Martha, und Dorothy Myers Imel. *Goddesses in World Mythology.* Oxford University Press, 1993.
Baring, Anne, und Jules Cashford. *The Myth of the Goddess.* Viking Books, 1992.
Bascom, William. *The Yoruba of Southwestern Nigeria.* Holt, Rinehart und Winston, 1969.
Beier, Ulli. *Yoruba Myths.* Cambridge University Press, 1980.
Bell, Robert E. *Women of Classical Mythology: A Biographical Dictionary.* Oxford University Press, 1993.
Bierhorst, John. *Die Mythologie der Indianer Nordamerikas.* Diederichs Gelbe Reihe, 1997.
Bolen, Jean Shinoda. *Göttinnen in jeder Frau. Psychologie einer neuen Weiblichkeit.* Heyne. Esoterisches Wissen 1997.
Broch, Janice, und Veronica MacLer. *Seasonal Dance: How to Celebrate the Pagan Year.* Samuel Weiser, 1993.
Bulfinch, Thomas. *Bulfinch's Mythology.* Signet/New American Library, 1962.
Burland, Cottie. *North American Indian Mythology.* Peter Bedrick Books, 1985.
Campbell, Joseph. *Die Masken Gottes. Bd. 1. Mythologie der Urvölker.* KNO 1996.
Carlyon, Richard. *A Guide to the Gods.* Quill/William Morrow, 1981.
Carmody, Denise Lardner. *Mythological Woman: Contemporary Reflections on Ancient Religious Stories.* Crossroad Publishing Company, 1992.
Christie, Anthony. *Chinese Mythology.* Hamlyn Publishing Group. 1968.
Davidson, H.R. Ellis. *Myths and Symbols in Pagan Europe: Early Scandinavian and Celtic Religions.* Syracuse University Press, 1988.
Downing, Christine (Hrsg.). *The Long Journey Home: Re-visioning the Myth of Demeter and Persephone for Our Time.* Shambala, 1994.
Eliade, Mircea. *Das Mysterium der Wiedergeburt. Versuch über einige Initiationstypen.* Insel Tb, 1989.
——, *Images and Symbols: Studies in Religious Symbolism.* Princeton University Press, 1991.
Erdoes, Richard, und Alfonso Ortiz (Hrsg.). *American Indian Myths and Legends.* Pantheon Books, 1984.
Frazer, Sir James G. *Der Goldene Zweig. Das Geheimnis von Glauben und Sitten der Völker.* Rowohlt 1989.
Gadon, Elinor W. *The Once and Future Goddess.* Harper and Row, 1989.
Gimbutas, Marija. *The Goddesses and Gods of Old Europe, 6500–3500 B.C. Myths and Cult Images.* University of California Press, 1982.

Gonzalez-Wippler, Migene. *The Santeria Experience*. Original Publications, 1982.
Grahn, Judy. *Blood, Bread, and Roses: How Menstruation Created the World*. Beacon Press, 1993.
Grant, Michael. *Myths of the Greeks and Romans*. Harry N. Abrams, 1962.
Grimal, Pierre (Hrsg.). *Larousse World Mythology*. Hamlyn Publishing Group, 1968.
Harding, M. Esther. *Woman's Mysteries: Ancient and Modern*. Harper Perennial Library, 1976.
Hooke, S. H. *Middle Eastern Mythology: From the Assyrians to the Hebrews*. Penguin Books, 1963.
Ke, Yuan. *Dragons and Dynasties: An Introduction to Chinese Mythology*. Penguin Books, 1993.
Kluckhorn, Clyde, und Dorothea Leighton. *The Navaho*. Doubleday Anchor, 1962.
Kraemer, Ross Shepard. *Her Share of the Blessings: Woman's Religions Among Pagans, Jews, and Christians in the Greco-Roman World*. Oxford University Press, 1992.
Larrrington, Carolyne (Hrsg.). *Die mythische Frau. Ein kritischer Leitfaden durch die Überlieferungen*. Promedia, 1997.
Lehmann, Arthur C., und James E. Myers. *Magic, Witchcraft, and Religion: An Anthropological Study of the Supernatural*. Mayfield Publishing Company, 1985.
Leonard, Linda Schierse. *On the Way to the Wedding: Transforming the Love Relationship*. Shambhala, 1986.
Liptak, Karen. *Coming-of-Age: Traditions and Rituals from Around the World*. The Millbrook Press, 1994.
Locke, Raymond Friday. *The Book of the Navajo*. Mankind Publishing Company, 1992.
MacCana, Proinsias. *Celtic Mythology*. Peter Bedrick Books, 1983.
Monaghan, Patricia. *Lexikon der Göttinnen*. O.W. Barth, 1997.
Nicholson, Irene. *Mexican and Central American Mythology*. Hamlyn Publishing Group, 1969.
Nicholson, Shirley. *The Goddess Re-awakening*. Quest Books, 1989.
Osborne, Harold. *South American Mythology*. Hamlyn Publishing Group, 1969.
Parrinder, Geoffrey, *African Mythology*. Hamlyn Publishing Group, 1969.
Partnow, Elaine (Hrsg.) *The New Quotable Woman: The Definitive Treasury of Notable Words by Women from Eve to the Present*. Meridien Books/Penguin USA, 1993.
Perowne, Stewart. *Roman Mythology*. Peter Bedrick Books, 1988.
Piggot Juliet. *Japanese Mythology*. Peter Bedrick Books, 1991.
Pomeroy, Sarah B. *Frauenleben im klassischen Altertum*. Kröner, 1985.
Rush, Anne Kent. *Moon, Moon*. Random House/Moon Books, 1976.
Rutherford, Ward. *Celtic Lore: The History of the Druids and Their Timeless Traditions*. HarperCollins, 1993.

Buchempfehlungen

Sander, Tao Tao Liu. *Dragons, Gods and Spirits from Chinese Mythology.* Peter Bedrick Books, 1980.
Sered, Susan Starr. *Priestess, Mother, Sacred Sister: Religions Dominated by Women.* Oxford University Press, 1994.
Simpkinson, Charles, und Anne Simpkinson (Hrsg.). *Sacred Stories: A Celebration of the Power of Stories to Transform and Heal.* HarperSanFrancisco, 1993.
Spence, Lewis. *The Illustrated Guide to Native American Myths and Legends.* Longmeadow Press, 1993.
Spretnak, Charlene. *Lost Goddesses of Early Greece.* Beacon Press, 1992.
Starck, Marcia, und Gynne Stein. *The Dark Goddess: Dancing with the Shadow.* The Crossing Press, 1993.
Starhawk. *The Spiral Dance.* HarperCollins, 1979.
Stone, Merlin. *When God Was a Woman.* Harvest/Harcourt Brace Jovanovich Books, 1976.
Sykes, Egerton. *Who's Who in Non-Classical Mythology.* Oxford University Press, 1993.
von Franz, Marie-Louise. *Das Weibliche im Märchen.* Shambhala, 1997.
Waldherr, Kris. *The Book of Goddesses.* Beyond Words Publishing, 1995.
——, *Persephone and the Pomegranate.* Dial Books, 1993.
Walker, Barbara G. *Die weise Alte. Kulturgeschichte – Symbolik – Archetypus.* Frauenoffensive, 1986.
——, *Die geheimen Symbole der Frauen. Ein Lexikon.* Sphinx 1997.
——, *Das geheime Wissen der Frauen. Lexikon der weiblichen Spiritualität.* Sphinx, 1997.
Wolkstein, Diane. *The First Love Stories.* HarperCollins, 1991.
Young, Serenity (Hrsg.). *An Anthology of Sacred Texts by and about Women.* Crossroad Publishing Company, 1993.

Stichwortverzeichnis

Thema	Göttin	Seite	Thema	Göttin	Seite
Wut	Oya	107	Herzenskummer	Isis	100
	Pele	110	Lebenszyklen	Die sich selbst	
Kunst	Athene	77		Verjüngende	128
Selbstsicherheit	Oya	107	Liebe, Des-		
Beruf	Athene	77	illusionierung	Benzai-ten	45
Abschließen	Arianrhod	121	Liebe, erste	Persephone	33
Verbundenheit	Spinnenfrau	26	Liebe,		
Schöpfung	Gaia	15	Verblendung	Benzai-ten	45
Kreativität,			Liebe,		
Zuhause	Vesta	91	Heiratsfragen	Hera	49
Kreativität,			Liebe, Beziehungs-		
Inspiration	Brigit	84	fragen	Benzai-ten	45
Kreativität, sich			Liebe, Romantik	Aphrodite	41
öffnen für	Athene	77	Liebe, Verführung	Aphrodite	41
Tod	Arianrhod	121	Liebe, Selbstwert	Xochiquetzal	37
	Hekate	117	Liebe, Sexualität	Aphrodite	41
Tod, Leben danach	Hsi wang-mu	125		Xochiquetzal	37
Depression	Kuan-yin	96	Liebe,		
	Persephone	33	Jungfräulichkeit	Persephone	33
Wahrsagekunst	Jörd	19	Liebe, Hochzeiten	Hera	49
	Hekate	117	Menstruation,		
Freundschaft	Artemis	104	erste	Die sich selbst	
Trauer	Demeter	69		Verjüngende	128
	Isis	100	Menstruation,		
Heilung	Kuan-yin	96	letzte	Hekate	117

Stichwortverzeichnis

Thema	Göttin	Seite
Mittlerer Lebensabschnitt	Hekate	117
Mutterschaft, Empfängnis	Yemana	55
Mutterschaft, leeres Nest	Demeter	69
Mutterschaft, Fruchtbarkeit	Yemana	55
Mutterschaft, Liebe	Die Wawalag	65
Mutterschaft, dem Baby einen Namen geben	Renenet	61
Mutterschaft, das Neugeborene	Renenet	61
Mutterschaft, Schwangerschaft	Juno	58
Mutterschaft, Stärke	Die Wawalag	65
Musik	Sarasvati	81
Musik, Gesänge	Die Spinnenfrau	26
Neues Heim	Vesta	91
Orakel	Jörd	19
Körperliche Stärke	Artemis	104
Dichtung und Schreiben	Brigit	84
Macht und Kraft	Gaia	15
	Oya	107
Reichtum	Hathor	23
	Lakshmi	88
Gelehrsamkeit und Schreiben	Sarasvati	81
Sprechen, überzeugend	Oya	107
Stärke	Isis	96
Wildheit	Artemis	104
Weisheit	Athene	77
	Jörd	19
	Sarasvati	81

Über die Autorin

Kris Waldherr hat zahlreiche Bücher geschrieben und selbst gestaltet. Bekannt wurde sie durch ihr letztes Buch *The Book of Goddesses*, das auf der Bestsellerliste der *American Booksellers Association* erschien und ebenso auf der monatlichen Bestsellerliste von *Club selection*. Starhawk, Autorin von *The Spiral Dance*, bezeichnete *The Book of Goddesses* als »großartig gestaltet, wunderschön geschrieben und multikukturell … Mit Sicherheit ein Klassiker.« Es wurde ebenfalls von Anne Baring, die *The Myth of the Goddess* geschrieben hat, als »außergewöhnliches Buch« gelobt, »das wunderbar durchdacht, geschrieben und gestaltet ist«. Kris Waldherrs weiteres Buch *Persephone and the Pomegranate* wurde von *The New York Times Book Review* wegen seiner »mystischen und magischen Eigenschaften« hervorgehoben und ebenso von Jean Shinoda Bolen, Autorin von *Göttinnen in jeder Frau. Psychologie einer neuen Weiblichkeit* als »wunderschöne Wiedergabe der wichtigsten Mythen über Mütter und Töchter« gelobt. Kris Waldherrs großes Interesse für Mythologie und Volkserzählungen, insbesondere für weibliche Mythen, führten zu ihrer umfassenden Recherche, aus der *Umarme die Göttin in dir* entstand.

Kris Waldherr wurde in West Haverstraw, New York, geboren und legte ihre Prüfung zum Bachelor of Fine Arts an der School of Visual Arts in New York City ab. Ihre künstlerischen Arbeiten wurden an verschiedenen Orten in den USA und in Großbritannien ausgestellt.

Verlag Hermann Bauer · Freiburg im Breisgau

Jennifer Louden

Tu dir gut!

Das Wohlfühlbuch für Frauen

249 Seiten, kartoniert; ISBN 3-7626-0497-5

Dieses Buch richtet sich an alle jene Frauen, die dazu erzogen worden sind, an sich selbst zuletzt zu denken. Ein solches Aufopfern nützt weder den Frauen noch den Menschen ihrer Umgebung. Aus vollem Herzen geben und wahrhaft fürsorglich sein kann nur, wer auch selbst Zuwendung bekommt, wer sich auch seiner eigenen Wünsche und Bedürfnisse annimmt.
Die Autorin zeigt, wieviel Kraft Sie aus der Befriedigung der eigenen Bedürfnisse schöpfen können. In 51 Kapiteln finden sich eine Fülle praktischer Tips, neuer Verhaltensstrategien, Rituale, Meditationen zum Atemschöpfen und Sich-selbst-Besinnen. Schon beim Lesen werden Sie fröhlich, wohlgelaunt und bekommen neue Lust aufs Leben.

Jennifer Louden

Zeit für dich

Neue Kräfte schöpfen aus der Stille
Das große Retreat-Buch für Frauen

432 Seiten, kartoniert; ISBN 3-7626-0588-2

Jennifer Louden hat in ihrer erfrischend warmherzigen Art ihr ganzes Wissen und Knowhow zu einem praktischen und inspirierenden Handbuch rund um die innere Einkehr, den Rückzug in die eigene Stille zusammengetragen. Sachkundig, einfühlsam und immer wieder ermutigend, nimmt Jennifer Louden sich der Bedürfnisse und Belastungen an, mit denen speziell vielbeschäftigte und überlastete Frauen in unserer Zeit täglich fertig werden müssen. *Zeit für dich*, das erste und einzige Handbuch zum Thema »Retreat für Frauen«.

Verlag Hermann Bauer · Freiburg im Breisgau

Verlag Hermann Bauer · Freiburg im Breisgau

Monika Helmke Hausen

Das magische Wissen vom Mond
Entfalte deine ganz persönlichen Mondkräfte

272 Seiten mit minutengenauem Mondkalender, kartoniert; ISBN 3-7626-0531-9

Seit alters her hat der Mond die Menschen in seinen Bann gezogen. Waren es früher besonders Dichter und Liebespaare, so sind es heute mehr und mehr auch Menschen, die durch ihn den Rhythmen des Universums auf die Spur kommen und ihr Leben im Einklang mit den kosmischen Kräften ausrichten möchten. Und dazu gehört natürlich untrennbar die Sonne – Lichtspenderin auch für den Mond! So bezieht Monika Helmke Hausen die solaren Energien mit ein und begleitet den Mond auf seiner Reise durch die zwölf Tierkreiszeichen. Der Mond im Sonnenlauf also: der weiche Fischemond oder der verspielt-kreative Löwemond – wie unterschiedlich auch immer die einzelnen Mondenergen sind, so macht dieses Buch doch bewußt, wie sie alle sich in eine größere Ordnung einfügen.

Und dabei kommt vieles zu Tage, was jeden Mondfreund, jede Mondfreundin begeistern wird: Praktisches zum Feiern, zum Anwenden, für Rituale zum Räuchern, Pflegen und und und . . .!

Darüber hinaus gibt es Spirituelles, Mystisches, viel völlig Neues – zum Erproben – und eine Fülle praktischer Tips und Anregungen. Nicht um große Einweihungsrituale geht es hier, so betont die Autorin, sondern um Machbares, um die Anwendung der Mondkräfte im Kleinen, im Alltäglichen. Das schöne Resultat: mehr Lebensfreude!

Verlag Hermann Bauer · Freiburg im Breisgau

Verlag Hermann Bauer · Freiburg im Breisgau

Elisabeth Brooke

Von Salbei, Klee und Löwenzahn
Praktisches Kräuterwissen für Frauen

303 Seiten mit 38 Zeichnungen, kartoniert; ISBN 3-7626-0508-4

Pflanzen sind unsere weisen Gefährtinnen auf diesem Planeten, und sie können uns unendlich viel lehren. Lernen auch Sie die wichtigsten uns zur Verfügung stehenden Heilkräuter kennen! Durch die Fülle an Informationen, die Elisabeth Brooke in ihrem Buch über praktisches Kräuterwissen vermittelt, ist *Von Salbei, Klee und Löwenzahn* eine zuverlässige Einführung in den Gebrauch von Heilpflanzen zu einer ganzheitlichen Behandlung von Körper, Seele und Geist. Eine Vielfalt an Rezepten und Heilmethoden gibt Ihnen die Möglichkeit, kleinere Leiden zu lindern und größeren vorzubeugen.
Für jeden an sanften Heilweisen Interessierten ein einzigartiges, unentbehrliches Werk: praktisches Kräuterwissen . . . nicht nur für Frauen!

Verlag Hermann Bauer · Freiburg im Breisgau

Verlag Hermann Bauer · Freiburg im Breisgau

Mary Summer Rain

Leben und Heilen mit der Natur
Earthway – Die Botschaft einer indianischen Seherin

446 Seiten, geb.; ISBN 3-7626-0540-8

Wie kann die indianische Weisheit unser modernes Leben bereichern? *Leben und Heilen mit der Natur* gibt darauf Antwort. Es offenbart, wie wir im Einklang mit der Erde leben können. *Leben und Heilen mit der Natur* ist ein Hand- und Gebrauchsbuch der natürlichen Lebensweise, das alle physischen, psychischen und spirituellen Aspekte des Lebens behandelt, unter anderem: Sonne, Mond und Planeten und ihren Einfluß auf Körper und Psyche; Diät und Ernährung; Naturheilmittel; die »Pforten-Heilkunst« – eine umfassende Darstellung indianischer Heilrituale.
Erfahren Sie, wie Sie in der natürlichen Fülle der Erde leben und zugleich unseren Planeten schützen können, wie dieses Wissen Ihr Leben mit mehr Kraft und Sinn erfüllen kann! Mary Summer Rain war der letzte »Lehrling« der berühmten Weisen und Visionärin No-Eyes vom Stamm der Chippewa.

Verlag Hermann Bauer · Freiburg im Breisgau